『発達障害・グレーゾーン』
の育てにくい子が
3ヶ月で変わる

非常識な おうち発達支援

壮絶子育てを体験したママたちのお悩み解決ストーリー21

発達科学コミュニケーション代表
学術博士
吉野加容子

パステル出版

CONTENTS

第2章 発達のお悩み解決ストーリー〔幼児編〕

第3章 発達のお悩み解決ストーリー〔小学生編〕

CONTENTS

CONTENTS

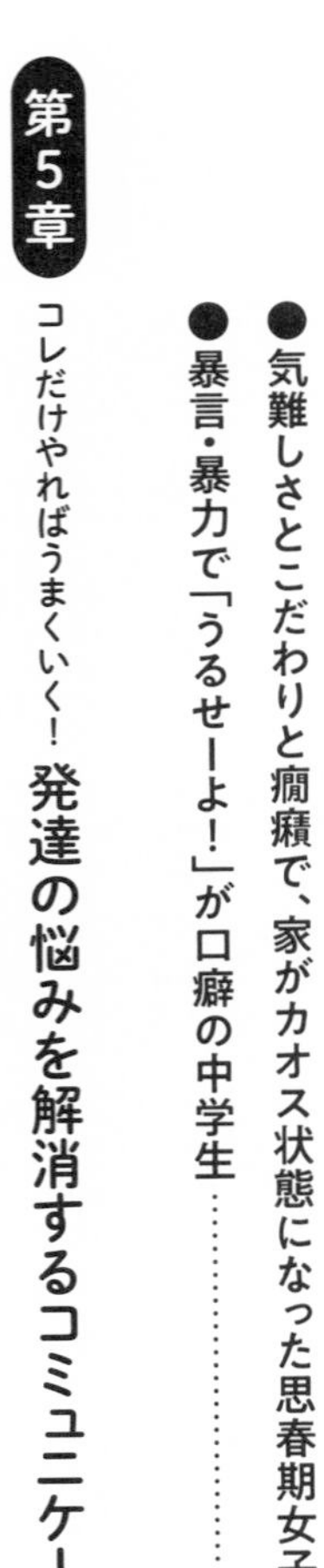

はじめに

子どもの脳を直撃する⁉　絶対にやってはいけない親子の会話

先日、私が主宰しているコミュニティの勉強会で、あるメンバーがこんな話をしてくれました。


「男の子が転んで泣きそうになったとき、お母さんは、すかさず『痛くない！』と言う。

男の子は本当は痛いのに、『これは痛くないんだ』と思わされてしまう。

男の子が立って走り出すと、お母さんは『エラい！』と言う。

男の子は、『痛いのを痛いと言わずに走り出すことが偉いのだ』と習う。

だけど、本当は痛いから男の子は葛藤する。


こんな話をある本で読んだのですが、私自身もそうやって育てられてきて、『自分の本当の気持ちは何なのか？』『自分は本当に何がしたいのか？』がわからなくなっていると感じることがあります。

そして、私も〈発達科学コミュニケーション〉に出会うまで、息子に同じことをしてきました。痛いのに、痛いと言わせない接し方をしていました。息子を苦しめていたと思います。

だけど、〈発達科学コミュニケーション〉を習ってからは、息子が痛がっていたら『痛かったね』って言えるようになりました。息子も私も楽になれました。私のように悩んできたお母さんに、この話をぜひ知っておいてほしいのです……」

どうですか？　「私もやってるな」と、身に覚えのある人がたくさんいるのではないでしょうか。良かれと思ってやってきたことが、実は逆効果になっている。そんなコミュニケーションは、日常の中で山のようにあります。

私たちは普段、「子どもの心を語らせない会話」をしていないでしょうか？

心を封じてしまうと、子どもは泣きます。

泣くことを封じてしまうと、子どもは怒ります。

怒ることを押さえつけようとすると、もう子どもの反発や苦痛はおさまりません。

これでは脳の発達が危うくなってしまいます。そしてほとんどの場合、その発端は、大人側のコミュニケーションにあるのです。

「もう無理……」と落ち込むママへ。接し方を学ぶだけで世界が変わります！

ただでさえ「私の子育て、もう限界……」と感じてこの本を開いたのに、冒頭からこんな話をされて落ち込んだママ。毎日子どもを怒っても何も変わらない、むしろ悪くなる一方だと感じているママ。もう、どうしていいかわからなくなっているママ。子どもの将来が不安でたまらないママ。

大丈夫です！

今がどれだけ辛くても、脳を育てる正しいコミュニケーションを学んで実践すれば、お子さんの行動は必ず変わっていきます！

私がこう断言できるのは、私が教えている〈発達科学コミュニケーション〉を学んだママとその子どもたちが、たった数ヶ月で変化することを何千例も見て証明してきたから。

私のところに相談に来るママたちは、平均すると3〜5年以上（人によっては10年以上）、子育てに苦戦してきた人たちです。

子どもに発達障害の診断がついているママ、発達障害の診断はついていないけれどグレーゾーンだと思われる子のママ、発達の困りごとだと気付かずに長いこと様子を見てきたママ。

一人で抱え込み、人知れず苦労してきた時間は、もう終わりにしましょう！

子どもとのコミュニケーションを変えること。たったコレだけで、毎日の景色がガラッと変わり、お子さんの未来もママ自身の未来も、希望に満ち溢れるようになります。

子どもを伸ばすカギは、名もなき人生のストーリーにある

この本は、〈発達科学コミュニケーション〉を実践することで、お母さんと子どもたちに起こった「発達障害グレーゾーンのお悩み解決ストーリー」を集めたものです。

ママと子どもの名前以外は、すべて実話。お母さんが子どもへの接し方を変えたら、発達障害があってもグレーゾーンでも、子どもが成長し、困りごとに悩む毎日を抜け出

せるという証明です。ママがおうちで、我が子の発達支援をすることは本当に可能なのです。

〈発達科学コミュニケーション〉を3000人以上のママに手渡してきて、奇跡とも言える親子の変化の感動エピソードが毎日のように届きます。

そのエピソードの中にこそ、発達の困りごとを解決するエッセンスが詰まっているのですが、無名の個人の成果事例は今まで本になることはありませんでした。

発達障害の本を読めば読むほど、たくさんの情報に振り回されていませんか？ 解説ばっかりで結局どうすればいいの？ 本当にこの方法で良くなるの？ うちの子にピッタリの対応はどれなの？ これ以上何をしたらいいの……？

本やインターネットやSNSを見るたびに、そんな気持ちになっていませんか？

そんなお母さんの悩みを解決するために、この本が誕生しました。

発達障害グレーゾーンの子育てに自信を持ち感動を体験したママたちが、どんなどん底体験をして、何をして変わったのかをすべてさらけ出した奇跡のストーリー。

この本に載せられたのは21組の親子のストーリーですが、それ以外にも、約3000

の証明のストーリーが私たちのウェブサイトに掲載され公開されています。それだけ多くのママが、育てにくい子が３ヶ月で変わることを証明してきたのです。

きっと、この本を読み終える頃には、これが特別な人に起こった〝奇跡〟なんかではなく、自分も手にすることができる未来だと確信することでしょう。

ベストセラーになんかならなくていい。子育てに疲れ果てて、未来に期待する気持ちを失いかけているお母さんに、ひと筋の光が届くことを心から願っています。

発達科学コミュニケーション代表　吉野加容子

第1章

本当に効果が出る！

非常識な『おうち発達支援』のヒミツ

Chapter.1

みんなが発達のグレーゾーン！「普通」を目指すのは、もうやめよう

発達障害は、そのほとんどが遺伝的な要因によって引き起こされると考えられています。遺伝子は変えられないですし、発達障害の治療法も確立されていないので、発達障害を〝医学的に〟掘り下げていっても、今の時代には残念ながら解決策はありません。

では、**解決策はどこにあるのか？ と言うと、教育（＝成長）の中にあります。**

私たちはそもそも脳が未熟な状態で生まれてきて、脳の使い方を覚えながら成長していきます。脳の中にある、**年齢相応に発達した部分と、発達が遅れている部分のアンバランスさが、日常での困りごとの要因になっているのです。**つまり、脳の成長に凸凹（でこぼこ）がある、ということです。

しかし脳の成長は一生続くので、得意な部分をより成長させ、未熟な部分も伸ばしていけばよいのです。脳が完璧に成長している人など、この世に存在しません。どんな人の脳にも、得意と不得意が混在しています。この生まれつきの凸凹や発達が未熟であることを発達障害と言うのなら、**私に言わせれば「すべての人が発達のグレーゾーン」**ということになります。

日常での困りごとが少なく、社会生活を送ることができるなら、脳の凸凹はほとんど問題

になりません。凸凹がありながら、脳が成長することを望んでいるのは、みんな同じです。**発達障害の診断に振り回される必要もないし、「なーんだ、脳を伸ばせばいいだけか！」とシンプルに捉えてほしい**と思っています。

お母さんの脳と、お子さんの脳は違います。お子さんと、同級生のＡくんの脳も違うのです。それなのに「普通の枠に子どもを当てはめよう、誰かと同じようにさせよう」とするから、どんどん状況は悪化するのです。

「普通じゃない」ことは、弱みではありません！

日常の困りごとは数ケ月でササッと解決して、その先は**脳の個性＝得意を増やす子育てにシフト**してほしいと考えています。

脳を発達させて、脳の癖を育て直そう！

一生懸命に子育てをしてきたのに、なぜ今こんなに苦労しているのでしょうか？　それは「脳の癖」に答えがあります。**脳には、良くも悪くも「繰り返したことが定着する」という性質があります。**

例えば、「イライラしたら癇癪（かんしゃく）を起こす」という行動は、繰り返せば繰り返すほど脳の回路として定着してしまうのです。これが脳の癖の正体です。

脳の癖は、親子のコミュニケーションで育て直せる！

脳を発達させることは、「脳の使い方の癖＝習慣的に使用する回路」をつくっていることと同じ。今は「思い通りにならないと、泣き喚く」という脳の回路を優位に使っているのなら、その回路よりも新しく太い回路をつくり出して使わせればいいのです。例えば、「思い通りにならないときには、その気持ちを話す」という新しい問題解決をもたらす脳の回路をつくればいい。

少し難しく聞こえるかもしれませんが、そのためにやることは至ってシンプル。
子どもが思い通りにならなくてイライラしているときに、火に油を注ぐように泣かせたり怒らせたりする対応をやめて、落ち着かせながら気持ちを聞くコミュニケーションに切り替えればいいのです。この対応を数週間〜数ヶ月続ければ、だんだんとその子どもは癇癪を起こさなくなり、「困ったらママに相談する」という行動が増えます。

“今”の子どもの経験が、“3ヶ月先”の脳をつくる！

このように、**脳は経験したコトでつくられていきます。今の子どもの経験が3ヶ月先の脳をつくっている**と考えてください。現在、いい接し方ができているなら、3ヶ月後はハッピーです。ですが、もしも今、いい時間を過ごせていないなら、その経験が脳に蓄積して、望まない方向へ脳が育っていく可能性があります。子どもを伸ばしたいのに、悪習慣が脳に蓄積されるのは嫌ですよね。

将来の心配や不安が先に立ち、「あれもこれもやらせなきゃ」と焦ってしまう人がいますが、これもまた逆効果。

子どもを伸ばしたいなら、10年先ではなく、3ヶ月先を見ることをお勧めします。長期目標と短期目標は分けて考えるようにしてほしいのです。3ヶ月ごとに1つ成長させることができたら、10年先もうまくいくのですから。

疑ってほしい「発達支援」の常識

子どもが小さいときほど、たくさんの時間をママと共有できます。脳の発達を促すチャンスとなる時期を逃さないために、お母さんにまず知ってほしい「おうちでできる効果的な発達支援」の考え方を解説します。

私が脳の発達の研究をはじめ、発達支援の相談を受け続けて、今年で丸20年が経ちます。20年も発達の業界にいると、**「本当に効果のある発達支援とは何か？」**が見えてくるようになります。

結論から言えば、**「常識的な発達支援」と「効果の出る発達支援」はイコールではありません。**

この20年間、発達支援の常識はほとんど変わっていません。だから、お母さんたちからの相談の内容も、20年経っても変わっていません。発達障害やグレーゾーンの子育てで生じる悩みの解決法が見つからず、毎日の子育てに疲れ果てている方ばかりです。この先どうなるのか、不安を抱えている人も多いでしょう。

一方で、私が教えている脳科学をベースにした〈発達科学コミュニケーション〉は新しい発達支援のカタチを提案し続けてきました。実践したお母さんたちは、発達の悩みを解決したストーリーを持っています。

悩みを解決できたのは「常識的な発達支援」をやめて、「効果の出る発達支援」に変えたから。

どんな分野でも、今までのスタイルを変えることや、常識破りな方法を試すことに抵抗を示す人は多いでしょう。しかし、行動を変える選択肢を選び実践した人が、いつもチャンスと成果を手にします。

発達支援も同じ！

「いいこと」だと思い込んできた子育てや、発達支援の常識を勇気をもって疑ってみましょう。きっと「今、我が子の成長のために本当にすべきこと」がわかるはずです。

こんな思い込みは捨ててしまおう！
発達支援がうまくいかない7つの常識

今までいろいろな情報を調べてきたし、いろいろな方法を試してきた。それなのに状況は良くなるどころか悪くなる一方で困っている。もしくは、トラブルはおさまったものの、どんどん子どもの元気がなくなってきた。

こんなお母さんほど、「うまくいかない子育てや発達支援の常識」にとらわれている可能性大です。

私が20年間の経験の中で見つけた、まじめで一生懸命なお母さんがハマってしまっている「子どもの脳の発達を遅らせる発達支援がうまくいかない7つの常識」を捨てることができれば、子育ては一気に好転します。

次の7つの常識のうち、あなたの子育てにいくつ当てはまりますか？ 当てはまるものが多いほど、発達支援はうまくいきません。早速、次のページでチェックしてみましょう。

NG

＼ 子どもの脳の発達を遅らせる！ ／

発達支援がうまくいかない『7つの常識』

NG 1

「様子を見ましょう」と言われたので、様子を見ていればいい

「大きくなれば良くなるだろう」という考えは、発達障害グレーゾーンには通用しません。

NG 2

厳しくしつけたほうがいい、良くないことは注意したほうがいい

発達障害グレーゾーンにしつけは効果がありません。むしろ悪影響を及ぼします。

NG 3

専門家に子どもを診てもらったり、指導してもらったりしたほうがいい

時々しか会えない専門家にできることは、ほとんどありません。

NG 4

苦手なことや、遅れていることをしっかり訓練したほうがいい

脳の発達の順序を考慮しない支援は、効果が出るまでに膨大な時間がかかります。

NG 5

おうちでも子どもに課題やトレーニングをやらせたほうがいい

子どもに無理に何かをやらせようとしても、なかなか効果が出ません。

NG 6

お母さんは仕事をやめて、子どもにつきっきりで対応したほうがいい

親子の時間を長くとることは、いいことばかりとも限りません。

NG 7

周りに理解してもらえないので、自分一人で対応を続けていればいい

一人で抱え込んで自己流で解決できるほど、発達の悩みは簡単ではありません。

捨てたい常識①

「様子を見ましょう」と言われたので、様子を見ていればいい

「大きくなれば良くなるだろう」という考えは、発達障害グレーゾーンには通用しません。

私が発達の相談を受けていて最もよく聞くのは、「○○に相談に行ったら『様子を見ましょう』と言われました」という言葉です。そして、お母さんはこう続けます。「それから数年経ってみて、もう放っておけない。何かしなければまずいと感じます」

脳の発達の専門家である私からすれば、**発達支援において、様子見する時間の猶予などありません。**それは定型発達の子どもでも同じです。

しかし「様子を見ましょう」と言われてしまうのには理由があります。

1つ目は、相談相手が特定の年齢の発達しか知らない場合。幼児期の癇癪を見過ごしたら、小学校でどんな苦労をするのかを知らない先生たちは案外多いのです。**「様子見」という言葉には、その先生が子どもの実態を把握できていない、対応がわからない、という意味が含まれていると理解したほうがいいでしょう。**

2つ目は、相談相手を間違えている場合。お父さん、ママ友、親戚などの「男の子だから大丈夫」「大きくなったら良くなる」という言葉には、何の根拠もありません。**専門家ではな**

い人からの言葉に一喜一憂すべきではありません。

３つ目は、発達障害の診断がつくほどでもないグレーゾーンだから、実質、後回しにされてしまうケースです。**診断がつかなければ何もしなくていいのか、と言えば、もちろん答えはＮＯ！　です。**

いずれの場合も、相談相手を変えたほうがいいでしょう。時間は取り戻せません。専門家よりも、**お母さんのほうが子どもをよく知っているのです。お母さんが「これはまずい」と感じるなら、何か手を打ったほうがいいのです。**

おうち発達支援の新常識❶……発達が心配なら、決して様子見しない！

まずは「様子見せずに、お母さんの接し方を変えること」が発達支援のスタートです。正しい接し方に変えれば、必ず子どもたちに変化が起こりはじめます。**お母さんが、子どもの脳を発達させるために、おうちでやれることはたくさんあります。**

発達の困りごとは、決してお母さんのせいではありません。「発達＝脳」の話です。精神論では解決しません。脳の成長メカニズムに裏打ちされたコミュニケーションで、子どもは必ず変わります！　今すぐ、様子見から卒業しましょう。

捨てたい常識②
厳しくしつけたほうがいい、良くないことは注意したほうがいい

発達障害グレーゾーンにしつけは効果がありません。むしろ悪影響を及ぼします。

日本の子育てや教育には「しつけ（躾）」という考え方が根付いています。子どもができないことを見つけて、できないことを指摘して、みんなと同じようにできるまでガミガミ言う「しつけ」。

20年も発達の仕事をしてきて、しつけで発達支援がうまくいった子を見たことがありません。それどころか、反発が強くなったり、元気がなくなったり、不登校になったりして、二次障害と言われる状態に近付くことのほうが多いと感じます。**子どもの不調が見えてきたら、「接し方を変えてほしい」という子どもからのSOSです。**

結論、発達障害グレーゾーンの子どもたちに、しつけは逆効果です。

・良くないことをしているのだから、将来のためにも注意しなくてはいけない
・トラブルばかり起こしているのだから、褒め過ぎは良くない
・褒めたいのに、褒めるところが見つからないから褒められない

ママの3大思い込みは今すぐ捨ててしまいましょう！

おうち発達支援の新常識❷…しつけをやめて、脳を伸ばす接し方に置き換えよう！

最近では褒める子育てが推奨されています。「もう叱りたくない、褒めたい」と思っているお母さんも多いですが、しつけは文化レベルで根付いているので、頑張り屋さんのママほど、つい叱り続けてしまうジレンマに陥る人も多いのです。

それほどまでに根付いている癖や習慣は、全く新しい考え方や技術を持つことで捨てることができます。

やみくもに褒めるだけでは脳は成長しませんが、なぜ褒めたほうがいいのか、どうやって褒めればいいのか、その知識と技術を学ぶことで、しつけをやめて、脳を伸ばす方法にシフトすることができます。

何年も苦労してきたのは、効果の出ない方法を続けているから。脳が成長する接し方に置き換えれば、たった数ケ月で結果が出ます。それが、〈発達科学コミュニケーション〉の秘密なのです。

捨てたい常識③
専門家に子どもを診てもらったり、指導してもらったりしたほうがいい

時々しか会えない専門家にできることは、ほとんどありません。

病院に行けば解決すると思っていたのに、何もしてもらえなくて拍子抜けした。療育や支援学級を利用しているのに、思ったような効果が出ない、という話は珍しくありません。

これは「発達支援は専門家が行うものだ、専門家にお願いすればうまくいく」という思い込みによるもの。**専門機関を利用しても、先生と呼ばれる人に出会えても、日々の子育ての悩みが解消されないのにはワケがあります。**

主な理由は2つ。

1つ目は、専門家に子どもを理解してもらう時間を与えなければならないから。

専門家であっても「子どもの実態把握」という、子どもを理解するための時間が必要です。仕方ないことですが、時間がもったいないと思いませんか?

2つ目は、専門家に毎日会えないから。

運よく、一瞬で子どもの状態を把握してくれて、効果的な支援をしてくれる腕のいい先生に出会えたとしましょう。だけど毎日やらないと、脳はなかなか変わりません。月に何回か、

週に何回か会うだけでは、結果が出るまでに長い時間がかかります。

つまり**「誰かに頼らないと子どもの発達支援ができない状態」が辛い状態を長引かせている**ので、この点を解決すればいいのです。

おうち発達支援の新常識❸…ママ自身が、我が子を発達させる専門家になろう！

子どもを専門家に診せることのメリットはあります。しかし、直接会わないと絶対にダメか、と言われると、会わなくても発達支援はできる！　と言いきれます。

発達の知識やスキルは、偉い専門家の先生にしかわからないほど、難解なモノなのでしょうか？　発達支援は、医師にしか許されていない医療行為なのでしょうか？　答えはＮＯ！です。

やりたいことは脳の育成。これは「教育」です。誰にでもできます。むしろ、**子どもと毎日会えるお母さんが、子どもの脳を変えられる最善の適任者なのです。**ただし、これには唯一の条件があって、お母さんに「脳の発達支援の知識とスキル」があることが前提です。だから私はこれを学べるコミュニティを主宰しています。

子育てに資格はいりません。発達支援は自分でできます！　お母さんこそ発達の専門家になりましょう。

捨てたい常識④
苦手なことや、遅れていることをしっかり訓練したほうがいい

脳の発達の順序を考慮しない支援は、効果が出るまでに膨大な時間がかかります。

漢字が書けないから、漢字練習をさせる。いつも一人で遊んでいるから、集団活動をする習い事をはじめる。言葉が出ないから、言葉のカードを使って訓練する。

こういった**苦手を直接つつくような取り組みは、ほとんど結果が出ません。**結果が出たとしても、子どもに大きなストレスがかかるので、別の問題が出てきます。

食事に例えれば、ニンジンが大嫌いな子に、ニンジン100%のジュースを毎日飲ませようとするのと同じ。ましてや、一口も飲めない子に「せっかく作ったのに」とプレッシャーを与えるような言葉も逆効果です。

また、問題を後追いで対処しようとするのも、効果が出にくいやり方です。状態が落ち着いているときに何もせず、問題が起こったら専門家に相談するやり方では、そもそも脳が発達しません。

発達障害に治療法はありません。**脳を発達させることが最良の解決策なのですから、問題が起こってから、その場しのぎの対応を講じて状況を取り繕っても一向に脳は伸びず、入れ**

替わり立ち替わり問題が起こり続けます。

おうち発達支援の新常識❹……脳が育つ順番に沿って、土台から育て直す！

どんなに一生懸命にやっても効果を出せないのは、脳が育つ順番を知らないため、支援する順番を間違ってしまうからです。

例えば、聞くことや話すことを習得する前に、読んだり書いたりできる子はいません。これは、脳が発達する順番が決まっているからです。聞くことや話すことを、ママとの会話の中でどんどん上達させていけば、読み書きのベースとなる力を蓄えていくことができるのです。

脳が育つ順番に沿って、土台から育て直していったほうが、結果的には早く発達を進ませることができます。また、脳を土台から育て直すことで、これから起こり得る問題を未然に防ぐ、発達支援に切り替えることもできます。

発達の問題は、予想がつかないものではなく、むしろ、知識があれば予想がつきやすいものです。「**今はあまり困っていない**」**から対応を先送りにするのでなく、できるだけ早く、あまり困っていないうちに脳の発達支援をスタートさせることが、将来的な問題を予防することに繋がります。**

捨てたい常識⑤

おうちでも子どもに課題やトレーニングをやらせたほうがいい

子どもに無理に何かをやらせようとしても、なかなか効果が出ません。

私は大学や医療機関で発達支援をしていた頃、子どもと会って実践したトレーニングを「おうちでもやってくださいね」とお母さんに伝えていました。それが最良の処方せんだと考えていたからです。1日10～20分の簡単なトレーニングなのですが、毎日実践できたご家庭はほとんどありませんでした。

私はここで2つの大切なことに気付いたのです。

1つ目は、発達支援というものが、家庭の中に浸透していないこと。

病院や療育機関、学校や学術機関などの行政サービスには、発達支援や特別支援教育の専門家がいて、その考え方が浸透しています。ところが、家の中には、発達支援の専門家もいませんし、知識も技術も浸透していません。

子どもが長い時間を過ごすのはおうち。最も影響を受けやすい家庭教育にこそ、発達支援を浸透させたほうがいいと気付きました。

2つ目は、子どもは家以外でなら取り組むことも、家ではやりたがらない、ということ。

病院でなら私と向き合って取り組む課題も、家ではやりたくない。よく考えれば当然のことです。10～20分ものトレーニング時間をおうちで毎日とることも、忙しいお母さんたちにとっては簡単ではありません。病院や学校でやっている発達支援を、そのまま家庭に持ち込むことはできない、と気が付いたのです。

おうち発達支援の新常識⑤……おうちでの発達支援に子どもの協力はいらない！

「お母さんには時間がない。子どもにはやる気がない」そんな状態でも結果を出せる発達支援は何かと考えたら、案外答えは簡単に見つかりました。**脳に最も作用するのはコミュニケーションなのですから、毎日の親子のコミュニケーションを活用すればいいのです。**

子どもに話しかけないお母さんはいません。その日々の声かけを、脳が伸びる声かけに変えるだけ。簡単ですし、わざわざ時間を取る必要もありません。

子どもには協力を求めません。お母さんの声かけを聞いて、楽しく会話したり行動したりするだけで、上手な脳の使い方を覚えさせていけばいいからです。

こうやって完成させたのが、お母さんが日々の声かけを変えるだけで叶う脳の発達支援プログラム〈発達科学コミュニケーション〉です。

捨てたい常識⑥

お母さんは仕事をやめて、子どもにつきっきりで対応したほうがいい

親子の時間を長くとることは、いいことばかりとも限りません。

「仕事をしているので、子どもと一緒にいる時間が少なくて罪悪感があります」よくそう相談されますが、**子どもとお母さんとが一緒にいることで、プラスになることもあれば、マイナスになることもあるので、**単純に「子どもと過ごす時間が長ければいい」とは言いきれません。

例えば、自閉スペクトラム症の子で、小学校3年生から中学校3年生まで、一切、話をしなくなる緘黙(かんもく)の子がいました。話をしなくなった直接の原因は学校でのいじめでしたが、高校に入って再び話すようになったとき緘黙の7年間で一番辛かったことは、「お母さんが笑わなくなったこと」と教えてくれました。小2まで話をしていた子が急に話をしなくなれば、お母さんから笑顔が消えてもおかしくありません。ですが、それが「自分のせいなんだ……」というプレッシャーとなって、かえって辛かったそうです。

このように、子どもと一緒に長く過ごすことが裏目に出てしまうことはよくあります。その場合、かえって脳の発達を妨げてしまう可能性も否定できません。**「子どもと一緒にいた**

い」というママの想いは、半分正解で、半分不正解なのです。

おうち発達支援の新常識⑥……一緒に過ごす時間の量よりも、会話の質が大事！

一緒に過ごす時間の長さより、脳にいい影響を与えられるよう過ごし方の質を変えることが、とても大切です。子どもにいい影響が与えられる過ごし方のポイントは2つ。

1つ目は、楽しく脳を使わせること。

楽しくないときは脳の働きは低下します。環境や課題を工夫して、ゲーム感覚で楽しめるようにしたり、お母さんがニコニコしながら楽しく会話したり工夫をすることで脳が伸びやすくなります。

2つ目は、お母さん自身が楽しいことに没頭する姿を見せること。

毎日のように疲れ果ててイライラしている姿を見せるより、お母さん自身が生きがいを感じて楽しそうにしている姿を見せることを目指しましょう。

ママが夢に没頭する姿は、「宿題しなさい」と100回叫ぶより、よっぽど子どもに好影響を及ぼします。子どもが憧れるようなママになれば、子どもも自立して、身の回りのことを自分でやりはじめます。

捨てたい常識⑦
周りに理解してもらえないので、自分一人で対応を続けていればいい

一人で抱え込んで自己流で解決できるほど、発達の悩みは簡単ではありません。

発達障害やグレーゾーンは脳の特性が引き金になっていますから、**脳が成長するメカニズムを知って対応するのと、知らずに対応するのとでは、大きな差が生まれます。**

だからこそ、お母さん自身が専門的な情報に触れることが欠かせないのですが、自分一人で勉強をしたり、対応を続けていくのはお勧めしません。

発達障害グレーゾーンの子育ての苦労は、周りから理解や共感が得られにくく、お母さんが孤立してしまいがちですが、自己流に突き進んでしまうのは逆効果なのです。

おうち発達支援の新常識⑦…自分と同じ悩みを解決した人が集うコミュニティで学ぶ！

発達支援や子育てを学ぶ場所探しの「2つの条件」を覚えておいてください。

1つ目の条件は、仲間を見つけられる場所であること。

「お母さんが子どもの対応を学ぶときには、個別より、グループでやるほうが効果が高い」ということが研究で証明されています。**ママ自身のスキルアップの効果も、子どもの変化率も、ママや子どもの変化が後戻りしにくいのも、すべて、個別よりグループで学んだときのほうが効果が高いのです。**

子どもの状態が違うのだから、個別に相談にのってほしいと思うかもしれませんが、それは思い込みです。**同じ悩みを持つ人がグループで学べる場所を探しましょう。**

仲間がいることで、話題が多岐にわたるので学びの情報量が増え、自分で対応できる場面やバリエーションが格段に増えます。また他のお母さんの頑張っている姿を見て「自分も頑張ろう！」と思えるので、モチベーションが下がりにくく、学びを継続しやすいという効果もあります。

２つ目の条件は、自分と同じ悩みをすでに解決した人が教えてくれる場所であること。

これは、自分の「当たり前」を変えられる機会が増えるからです。個別の相談を受けてアドバイスをしてもなかなか自分の〝常識〟を変えられない人がいます。しかし、**もうすでにその悩みを解決した人の話を聞くと、自己流を脱するチャンスが増えます。**

「え？　この場面、そうやって対応するの？　今までのやり方と全然違った！」

こんな驚きの連続の中で、自分の常識を進化させると、子どもがガラッと変わり、子育ての喜びを体感できる時間がどんどん増えていきます！

み方・活かし方

ここまで、発達支援の「捨てたい7つの常識」と、脳が育つ「おうち発達支援の7つの新常識」を解説してきました。

今までの考え方とは違う"非常識な新ルール"に、「本当かな～？　うちの子にも当てはまるのかな～？」と半信半疑の状態かもしれませんね。

「おうち発達支援の7つの新常識」をベースにつくられた〈発達科学コミュニケーション〉は、昨年までに3000人を超える人に活用されています。本当に子どもが変わっていくのか知りたくありませんか？

その証明は、「パステル総研」という私たちのウェブサイトに何千もの記事として掲載されているのですが、それを全部読むのは大変です。

そこでこの本では、**21名の壮絶な子育て体験をしてきたママたちの「発達のお悩み解決ストーリー」を紹介したいと思います。**

幼児期のトラブルを解決したストーリーから、全く勉強しなかった子が大学受験に合格して大学生になるストーリーまで、年齢も、特性も、悩みごとも、さまざまな事例を掲載しています。

本書の賢い読

本書の読み方

第2章から第4章のもくじには、**年齢別**に、
どんな問題を抱えていたのかをわかりやすいように
タイトルにして並べました。

★最初から順番に読むのではなく、**自分のお子さんの困りごとに近い事例のストーリーから読みはじめることをお勧めします。**さまざまなお悩みがあると思いますので、複数のストーリーがお役に立つはずです。

★全員のストーリーを読む必要はありません。**「おうち発達支援の7つの新常識」はホントだった、と納得することができたら、**第5章に進んで、さっそくおうちでの対応を変える実践に移りましょう。

★**もっとたくさんの事例が知りたい、他の悩みごとを解決するためのヒントが知りたい、**という人は**「パステル総研」にアクセス**してみてください。検索をすれば、もうすでにあなたの悩みを解決した人がヒントを紹介してくれています。
他にも、役立つ情報や教材などを無料で公開しています。

★この本の「はじめに」「おわりに」は、付け足しでなく、本文として書いています。最後にぜひ読んでくださいね。

パステル総研
https://desc-lab.com/

発達科学コミュニケーション無料メール講座
https://desc-lab.com/maillesson/

第2章

発達のお悩み解決ストーリー 幼児編

Chapter.2

＼ママが運動会から
逃げ出すほどの／

ひどい癇癪持ちの園児4歳

なつきみき（発達科学コミュニケーションリサーチャー）

こんなお悩みが解決できます♪

◎子どもの困りごとが減らず、なんで私だけ…と思ってしまう
◎子育ても仕事も頑張っているのに、うまくいかない
◎ママ自身が周りの目を気にしすぎている

こんな変化がありました!

息子は、
癇癪が激減しました!
子育てする自信が
回復しました!

こんな子どもが
変わりました★

特性
ADHD（注意欠如・多動症）
+ASD（自閉スペクトラム症）
グレーゾーン

年齢 4歳（年中）

性別 男子

違和感は
3歳の運動会
ワー
ワー
お遊戯
だよ〜！
踊って〜
ぽつ…

緊張してるの
かなぁ…？

まだ3歳
だもんね…
その時は
そう思って
いました…

しかし4歳！
息子の癇癪（かんしゃく）や
こだわりは激化！

うんどうかい
4歳の
運動会は入場
すらできず…
お母さんと
じゃなきゃ
やだっ

うん
すみませんっ
私が息子を
抱えて入場

お遊戯も
ワー‼
練習では
出来てたのに
また一人だけ
踊ってない…

今年こそは
って…
運動会のために
息子の様子を見て
周りを気遣って…
ワー‼
ワー‼
全部無駄
だったの？

唯一参加できた大玉転がしも…
あっ！きたよ！
ワー
ワー

あ…っ
ゴロ
ゴロゴロ

行っちゃった…
あー…っっ
ワー！
ワー!!
ゴロ
ゴロ
ー…
ゴロ…

残念だね…

〰〰〰〰…っ

んぎぃ〜〜ーーっ!!!
だんっ
だんだんっ!!
!?

ちょっ
なんで!?

落ち着いて!
どうしたの!?

大玉を楽しみにしていた息子
ついに感情が大爆発!

じゃあぁ
わぁあぁ
その後のダンスや閉会式も
ずっと泣き喚き暴れて…

今の私なら
いつもとは違う雰囲気の運動会で
感情を爆発させてしまった気持ちがわかります。

しかしその時の私は…
周りのママも見てるのに！
恥ずかしい！恥ずかしい！
わぁあぁあ
あぁぁ

どうして
うちの子は
みんなと
同じように
できないの!?
わ゛あ゛あ゛あ゛

ポン

ママは先に
帰ってて
パパ…
ぐす…っ
でもっ
いいから

あ゛あ゛あ゛あ゛

あ゛ぁぁ

…うん

うわーーっ
あんなに泣いてた息子を置いて帰ってしまった…

どうしても他の子と比べてしまう…

この出来事が決定打となり

子育てへの自信を失ってしまいました。

ママが子どもの困りごとを解決すると決める！

運動会からしばらくして、市区町村の発達支援センターに月1回通うようになりました。しかし、息子の困りごとも癇癪も減らないまま、あっという間に小学校入学を迎える頃になってしまいました。入学後は発達支援センターに通うことができないと知り、「子どもの困りごとは専門の先生に直してもらうもの」と考えていた私は、放課後デイサービスを検討しました。

しかし日中は働いていたため、送迎のことを考えると利用するのは厳しい状況でした。じゃあどうすれば……とインターネットで検索していたところ、吉野加容子さんの本の存在を知り購入したのです。

そして、たまたま新型コロナウイルス特別休校の対策として、吉野さんの無料講座が開催されるのを発見し、軽い気持ちで申し込みました。講座に申し込んで驚いたことは、私のように子どものことで悩んでいるママが、大勢参加していることでした。

そして、〈**発達科学コミュニケーション**〉は「**ママがコミュニケーションを学んで、子どもの発達を加速させるメソッド**」であることに衝撃を受けました。今まで息子の発達支援を他人に任せていた私はとまどいました。

しかし、「私と同じように悩んでいるママが行動している。ならば、私にもできるかもしれない」と、勇気が持てたこと、そして「今行動しないと、息子の小学校生活に対する私自身の不安が膨れ上がる」と感じたこともあり、学んでいこうと決意しました。

子育てだって「真似」してもいい

私は主に３つのことに取り組みました。

1．子育てだって、真似してもいい！

〈発達科学コミュニケーション〉は、子どもの特性を理解し、子どもの良さを引き出す日常のコミュニケーション術です。子どもが素直に行動するテクニック、ママが子どもをラクに褒められる方法など、子育てで実際に使えるコミュニケーションを学びます。

子育てはオリジナルでなければならないと思っていましたが、まずは学んだ通り、うまくいく事例を「真似」しようと決めました。

はじめのうちはイライラして、子どもを褒められずに、ガミガミ怒ってしまうこともありました。しかし諦めないで続けていくうちに、徐々に、コミュニケーションの型も、自然に使えるようになっていきました。

2. 家族・仕事・友人以外のコミュニティに飛び込む!

私は今まで、家族・仕事・友人以外のコミュニティに参加したことがありませんでした。知らない人がたくさんいるのが不安で、私が参加して変に思われないだろうかなどと、新たなコミュニティに参加するのは、はじめのうちは抵抗感がありました。

しかし、そんな不安や緊張を抱えながらも、私は〈発達科学コミュニケーション〉のコミュニティや学びの場に継続的に参加するようになりました。それは、不安や違和感以上に、「私もやってみよう」「ワクワクする」という気持ちになり、新たな刺激となったからです。

今までと違う環境に身を置いたり、コミュニティ内で他の誰かと会話をする時間が増えてきたことにより、私の鉛のように固かった考え方が徐々に変化していきました。

3. 小さなことでも記録を付ける!

〈発達科学コミュニケーション〉では、子どもの成長度合いを記録に付けます。もともと、めんどくさがり屋の私でしたが、まずはうまくいっている人の考えを真似しようと決めていたので、記録を付けはじめました。ある程度、記録が溜まってきた頃に何気なく見返すと、そこには子どもとのコミュニケーションで取り組んできたことや、今まで学んできたことが残っていました。過去の記録を振り返ることで、１つ１つは小さな記録でも、一歩ずつ前に進んでいるのだと感じることができたのです。

やがて、息子にも私にも変化が訪れました。息子は、癇癪が激減。私自身は、小さな成功体験を積み重ねたことにより、子育てでうまくいっている感覚が増え、自信が少しずつ回復していきました。

そして、〈発達科学コミュニケーション〉を学びはじめてから、初めて迎えた息子の運動会。正直、緊張しなかったわけではありません。でも、「運動会の競技に出たからマル、出ていないからバツ」ではなく、**どんな息子でも肯定しようと思える私がそこにいました。**実際には、運動会では得意な種目にも苦手な種目にも出場することができました。私が思うよりも、大きな成長を遂げている息子の姿を見ることができて感動したことを今でも覚えています。成長した我が子の姿を見て、ママである私も、過去の出来事にとらわれないで成長していきたいと強く感じました。

ママが外の世界に触れたら、子育ても自分ももっと好きになれた！

子どもの困りごとは、専門家が指導するものと考えてきた私は、子どもの困りごとが解決できないのをずっと誰かのせいにしていました。なぜなら、自分が失敗したくないから。失敗するのを恐れていたからです。

しかし、子どもとのコミュニケーションを学び、新しいコミュニティに入り、うまくいっている事例を真似し、他のママと会話を重ねるようになりました。すると、少しずつ自分の考えも変わり、自信も回復し、周りの目も気にならなくなりました。

ママは充分に頑張っています。完璧に子育てをこなさなくてもいい。一人で抱え込まなくてもいいんです。

家族と仕事以外の世界に飛び込むのが不安で、怖がっていた私が、一歩踏み出したことにより、子育ても自分のことももっと好きになれました。一歩は小さくても、歩みを止めずに行動し続けたら、考えが変わり、以前より楽しめるようになりました。一歩は小さくてもいいんです。このストーリーが、周りの目が気になる、一歩踏み出せない……と思っているママの背中をそっと押して応援となりますように。

集団活動で
一人だけ遅れる

自分に自信を失っていた園児4歳

今村裕香（発達科学コミュニケーションマスタートレーナー）

こんなお悩みが解決できます♪

◎不安が強くて、自信がない
◎子どもの成長が不安
◎園の先生と連携がとれない

こんな変化がありました！

●子どもに笑顔が戻り幼稚園にも行けるようになりました！
●先生が息子を理解してくれるようになりました！

こんな子どもが変わりました★

特性 ASD（自閉スペクトラム症アスペルガータイプ）グレーゾーン

年齢 4歳（年中）

性別 男子

「ボクって必要ないんだね」とSOSを出した息子

「ボクって必要ないんだね」

当時4歳だった愛する息子にそう言われ、〝母親失格〟というレッテルを貼られたような気持ちになりました。母としてどうしたらいいのかわからない。子育てのやる気も自信もゼロという、どん底まで落とされました。だけど今では、あのとき乗り越えようと頑張ったからこそ今の私がいると思える強烈な一言です。

小さい頃から夜泣きは2時間ごと。1歳半を過ぎれば夜泣きもしなくなりますよ、と医師に言われていたけれど、一向になくなる様子はありませんでした。夜は2時間おきに起きてはあやし、ゆっくり寝ることなんて全くできない、ヘトヘトな毎日が私の子育てのスタートでした。

夜にぐっすり眠れるように、外に連れ出しました。公園や児童館など、同じ年代の子どもがいる場所に行っても、息子は私にピッタリとくっつき離れようとしませんでした。どうして、うちの子だけみんなと遊べないのだろう？　周りの子どもたちが無邪気に遊ぶ姿がうらやましくて仕方がなかったです。

外では誰かに迷惑をかけるわけではないので、周りからは「ママが大好きなんだね～」と言われていました。これも年齢と共によくなるはずだ。そう願っていましたが、外に連れ出すたびに他の子どもと比べては凹(へこ)んでしまい、私の心は疲れていきました。

そして、集団生活が始まる幼稚園。プレ幼稚園から入れたのですが、行くたびに号泣していました。引き離される瞬間「ママ～行かないで～！」と叫んでいる息子を置いて去って行く。心が傷み、私の何が悪いのだろうか……と泣きながら帰る日々でした。泣きながら引き離される期間は1年半も続きました。

泣かずに行けるようになったときには、「こんなに心が軽やかに幼稚園から帰れるんだ！」と自分でもびっくりしたのを覚えています。

しかし、問題は朝だけではありませんでした。私は園にお迎えに行くのが苦痛になっていました。なぜなら、お迎えに行くたびに先生に呼び出され「ユウマ君だけお着替えが遅かったです」「お弁当も残してしまいました」「みんなのペースについていけませんね」と報告・指導があったからです。そんな日々を過ごしていたとき、ついに「一度、発達の相談に行ってみませんか？」と先生から声がかかりました。

その瞬間から、息子はこれからどうなってしまうのだろう、という不安がどんどん募り、ネットサーフィンをするようになりました。地域の発達相談にも出向き、検査を行いました。その相談所では「検査結果ではＩＱがとても高いお子さんですね。きっと、お母さんの考えすぎです。大丈夫ですよ。何かあったら来てくださいね」と言われました。ホッとした反面、「で、どうしたらいいの？　また明日から、幼稚園生活が続くのに……」。発達相談や検査が終わっても、悩みが解決されることはありませんでした。

発達相談の内容を幼稚園の先生に伝えると、「やっぱりそうですか！　わかりました！」という軽いお返事。「大丈夫かな？　本当に子どものことをわかって対応してくれるのかな」と一抹の不安を感じながら、幼稚園に通わせていました。

そんな中、幼稚園の友達から「ユウマくんは外でお着替えしてるんだよ！」と教えてもらったのです。「どういうこと⁉」という心配と不安で、先生に尋ねました。

先生の説明によると「ユウマくんは着替えが遅いので、一人で外に出して着替えさせています。雨のときにはトイレで着替えさせています」というのです。ショックでした。「悪いことをしているわけではないのに、マイペースでついていけないだけなのに、そんな指導方法ありますか？」と悲しさと悔しさと怒りとが混ざりあった感情に包まれました。だけど、そのときは言い返すことができませんでした。どうやって先生に伝えたらいいのかわからなかったのです。家で息子に「そんな想いをしていたんだね。ごめんね」と泣きながら伝えました。

このままにはしておけない！　子どもが集団生活で困っているなら、私がなんとかしなきゃ。そう思い、家でお着替え・食事・片付けなどを厳しくしつけ、練習させていきました。毎日同じことをやらせているのに、できない息子にイライラしてしまい、「早くしなさい！」「時間だよ！」「何回言ったらわかるの？」と声をかけていました。

「家だけでは足りない！　誰かに助けてもらわなくては」。そう考え、知能が問題なかったため公的な療育に入れなかった息子を、自費で通える療育に入会させました。通うのに満員電車で1時間以上かかる施設でした。幼稚園から疲れて帰ってきた息子を引っ張り、まだ1歳にも満たない娘を抱っこしながら通っていました。月に8万円ほどかけているにもかかわらず、明らかな成長はみられませんでした。だけど、「ここしかない！　いつかはこの子も普通になるはずだ！」と願い、ヘトヘトになりながら通い続けました。

そんなときに息子に言われた言葉が「ボクって必要ないんだね……」でした。いつの間にか、息子から子どもらしい笑顔がなくなり、限界だというSOSが出ていたのです。

ママが悪いのではない！　脳を育てる方法を知らなかっただけなのです

4歳という小さな体に大きな負担がかかっている。今の私がやっている子育ては間違っているのではないか？「必要ないんだね」なんて、そんな想いを子どもにさせたかったわけではないのに。悩み、涙する日が続きました。しかし、母親の私がなんとかしなくては、と再び立ち上がりました。

そのときに出会ったのが、吉野加容子さんのブログで読んだ〈発達科学コミュニケーション〉でした。**理由と根拠があり、ママの声かけで子どもが成長する**というコンセプトに共感し、個別相談を申し込みました。

吉野さんの個別相談では、「よくぞ、ここまで頑張ってきましたね。この発達検査の数値を出せるのは、ママがきちんと対応しているからですよ」と、今までの母親としての対応を初めて認めてもらえたのです。

「だけど、賢いからこそ不安が強くなりやすい。なので、ママの対応を変えれば、お子さんの才能はもっと伸びますよ！」と伝えてくださいました。だから、正しい褒め方・正しい叱り方などの理由と根拠を学び、実践できるようになろう！　ここでなら子どもの才能を引き出せるかもしれない。やったことのない挑戦に不安もありましたが、やってみるしかない、と決断しました。

息子に合ったコミュニケーションで子どもの笑顔が戻った

〈発達科学コミュニケーション〉で一番、息子に合っていたのは肯定の声かけでした。
私は以前から、ずっと褒めてきたし、きちんと褒めていると思っていたのですが、**褒める量が足りなかった、タイミングがずれていた、ということに気付きました。**

例えば、朝起きてきたとき、いい笑顔でテレビを観ているとき、頑張って食べているときなど、〝できて当たり前〟だと思うことでも、息子なりに頑張ったことであれば細かく褒めるようにしました。また、のんびりマイペースで朝の準備がスムーズにいかないときは、実況中継的な褒め言葉を使って行動を促しました。野球中継のように、「さあ、パジャマを脱ぎました！　次は……右腕を制服に通しています！　いい感じです！」という感じで、のんびりマイペースな子どもが楽しく、つい動いてしまうように声かけをしていきました。

教えてもらったことを素直に取り組むことで、子どもに笑顔が戻ってきて、幼稚園へスムーズに行けるようになりました！

次に私がやったことは、幼稚園の先生に息子の特性をわかってもらうこと。家で息子に効果があったコミュニケーションを伝えました。

「息子の動きが止まっているときは、周りに気を取られて、どうしたらいいかわかっていないときなので一度、声をかけていただけませんか？」

「息子は初めてのことは緊張してしまい、行動に移せません。だけど、何をやるのか全体を把握すればできないことはないのです。もしドッジボールをやるなら、まずはドッジボールの審判のような役割をさせてもらって、次は仲間に入らせるなどしていただくとスムーズに取り組めると思います」と具体的に伝えました。

そうすると、先生も息子を理解してくれるようになり、幼稚園を過ごしやすい環境へとどんどん整えていくことができたのです。「ママは園と連携を取ることだってできるんだ！」と嬉しかったのを覚えています。

それからは、息子は幼稚園の活動にはすべて参加できています。友達もつくることができ、コミュニケーションが苦手な息子が友達を誘って遊べるようにもなりました！　そして、夢中になれることを見つけ、虫・魚・ブロックと多くの知識を得ては、友達に教えてあげることで「虫博士だね！」と言われるまでになりました。集団活動が苦手な息子が、自分で集団の中でポジションを築いていけるようになったのです。

グレーゾーンの発達を支えるのはママしかいません

発達が気になるな……だけど、発達検査では特に何も見つからない、様子見となっている状態をなんとかしたいと思っているお母さん。**様子見している時間を発達を加速させる時間に変えることができれば、子どもは成長し、ママの不安は解消していきます。**

このように考えてほしい理由は、グレーゾーンの子どもたちが一番苦しんでいるからです。困りごとを抱えているのに気付いてもらえず、いわゆる定型発達の子どもと同じようにできなければ注意を受けるという毎日。そんな毎日に疲れて苦しんでいるのです。

だから私は今、自閉スペクトラム症のグレーゾーンの子育てに悩むママたちに〈発達科学コミュニケーション〉を教える講師として活動しています。そこで世界初となる自閉スペクトラム症のグレーゾーン専用、数値で困りごとがわかる「CAMEL診断」を開発しました。これはママだからこそわかる子ども本来の姿を引き出すことや、悩みを解決することもできるようになる診断です。数年前の息子と私のような辛い経験をしてほしくない、という想いをカタチにして、多くの親子の笑顔を取り戻すお手伝いをしています。

子どもの本来の姿を引き出すために大事なことは、ママの声かけです。難しい道具を使うこともなく、どこかへ通うこともなく、ママの言葉だけで発達させられるのが、グレーゾーンの子どもたちです。私はグレーゾーンの子どもたちの一番の味方でありたい！そう願っています。

ダウン症が
判明してから

3年間叱り続けても、問題を起こしていた園児3歳

松下かよ（発達科学コミュニケーショントレーナー）

こんなお悩みが解決できます♪

◎子どもの障害を受け入れられず苦しい
◎どんなに頑張っても報われることがない孤独な育児をしている
◎今の困りごとと将来の不安で押しつぶされそう

こんな変化がありました!

1年間悩んでいた
困りごとが、
1週間で
解決しました!

こんな子どもが
変わりました★

特性
知的障害
+ダウン症

年齢 3歳（年少）

性別 男子

生後3日でダウン症とわかり、絶望からはじまった育児

6年前、私の育児は絶望からはじまりました。双子の男女の妊娠だとわかってからは、色違いのベビー服を買いそろえては夢を膨らませ、本当に出産予定日を楽しみにしていました。今思うと、それまでの人生で一番ワクワクしていた時期かもしれません。

けれども、産まれた双子の男の子を抱っこしたときに、なんだか違和感を覚えました。心配で何度も「男の子の赤ちゃん、大丈夫ですか?」と聞くと、医師や看護師は「双子で小さいだけで、元気いっぱいですよ～」と笑顔で返答しました。それでも抱っこするたびに不安が増し、「この耳、この目、もしかしたら……」とダウン症を疑い、それから病室で一晩中インターネット検索をしました。

次の朝、勇気を振り絞って看護師に「うちの子染色体に異常がありませんか?」と聞くと、「それは、先生から……、先生にお母さんの質問を報告しておきますね!」と足早にその場を離れていきました。その対応にやっぱりダウン症なんだと確信し、そこから絶望の中で育児がはじまりました。授乳していても、涙がどんどん出てきて、子どもを抱いているのが恐ろしく感じられました。食事もとることができず、夜も眠ることができなくなりました。

この日から「ダウン症の我が子が、我々家族が、社会に迷惑をかけないこと」。これが私の人生の最大の目標になりました。

少しでも普通に近づけたい一心で、生後半年から療育に通い、運動や作業、言葉の訓練を受けさせました。成長にいい影響があればと音楽教室や体操教室に申し込み、民間の知育教室にも通いました。筋肉の張りが弱く、ぐにゃっとした体を毎晩マッサージしました。トランポリン、ピーナッツボール、滑り台、ブランコ、家に入りきらないくらい療育グッズが増えていきました。

寝る間もなく、座る間もないくらい、必死で子育てをしてきたのに、こども園に入園した3歳から、家の外での問題行動が目立ってきました。

秋、こども園の音楽発表会。恐れていたことが起きました。息子は自分の出番がはじまると、舞台の上から私を見つけて飛び上がり、列から外れました。止める先生に「いやだ！」と抵抗して大騒ぎ。「おかあさーん！」という大声がホールに響きました。みんな一生懸命歌っているのに、撮影もしているのに、他のお子さんや親御さんに申し訳ない……。押さえきれなくなった先生が私の元に息子を連れてきたとき、ぞっとしました。親御さんの目が私と息子に注がれていました。「この子の母は私です。皆さんすみませんでした」という気持ちで必死に頭を下げました。心の中に恥ずかしさと、息子への怒りが溢れてきました。

発表会が終わって、笑顔で帰って行く他の親子をうらやましく感じました。私は息子に「頑張ったね」と声をかけることも、笑いかけることもできませんでした。一刻も早くこの場から立ち去りたいと、息子を抱きかかえて帰りました。息子に恥をかかされた。この怒りがおさまらず、「自分の場所にいなきゃだめでしょ」「なんでこっちにきたの！」「みんなに迷惑だよ！」「もう、発表会に出させてもらえないよ！」と、脅すような言葉もかけていました。次男は悲しそうにうつむいて、泣くのをじっと我慢していました。家に着いても、その日は寝るまで一言も話しませんでした。

息子が寝た後、私は心の中の気持ちを思い切り書きなぐりました。ずっとずっとダウン症の子どもの母親であるということが辛かった。普通の子どもがよかった。普通の子育てがしたかった。普通の子どものママとお友達になりたかった。自慢できるような子どもがよかった。

私が、一番ダウン症の息子の存在を疎んでいることに気付きました。息子のことを疎外していたのは、社会ではなく、母親の私でした。こんな子育てをしていては、息子の未来も奪ってしまう……と、自分の子育てを変えるためにインターネット検索をはじめ、出会ったのが〈発達科学コミュニケーション〉でした。

「この子の脳も伸びるんだ」と、初めてダウン症子育てに希望が湧いた日

このときに申し込んだ個別相談で、私と子どもの運命が変わりました。今まで病院、療育の先生、保健師さんなどにたくさん相談をしてきました。集団行動ができないこと、切り替えができないこと、言葉が遅いこと、トイレが一人でできないこと。「どうしたらいいですか？」と聞いてアドバイスをもらっても、もう知っていることや、やってもうまくいかないことだらけでした。

最後に必ず言われる「頑張りすぎずに、ゆっくり育ててね」という言葉に、何をやっても無駄なんだ、と虚しさが増すだけでした。

しかし個別相談での吉野さんの言葉は、今までの専門家とは全く違いました。

「ダウン症であるかどうかは関係なくて、脳を成長させる対応をするかどうか」という言葉に衝撃を受けました。

今まで私がずっとこだわっていたダウン症。それ、関係ないんだ。一人で肩に背負い込んでいた「ダウン症の息子の人生」を、産後初めて下ろすことができました。この子

の人生を私一人で背負わなくてもいいんだ。一緒にサポートしてくれる人がいるんだ、という初めて感じた安心感でした。この子も変わる。私も人生を諦めなくていい。一気に希望が湧きました。

1年間悩んでいた困りごとが1週間で解決

まず、**自分がいつ、どんなことで、どのように、子どもに怒っているかを書き出して**みました。3人の子どもに対して、1日10回8時間、怒ったり、イライラしたりしていました。全部書き出すのに2時間かかりました。この子育てでうまくいくはずがないと、今までの逆の対応をすることに決めました。**つまり否定することにエネルギーを注いでいた子育てから、肯定することにエネルギーを注ぐ子育てに変えた**のです。

その頃の一番の悩みは、思い通りにいかないと息子が外で座り込んでしまうことでした。1年以上続いていました。その度に「こんなところで座ったらだめでしょ」と叱っていましたが、完全にスルーすることにしました。叱ることで、子どもに〝注目される〟というご褒美を与えてしまっていたことを学んだからです。

息子が座り込んでも、何も気付かないふり！　視線も向けず、そのまま他の子どもと話を続けたりしました。次男ははじめ「あれ？」という表情でしたが、それでもこちらが反応しないと、しだいに自分で立ち上がったり、歩き出したりするようになりました。そのタイミングで、「自分で立ち上がったね」「上手に歩き出しました！」とすかさず肯定の声かけをしました。１週間もすると、外で座り込むという行動がなくなりました。１年間以上悩んでいたことが１週間で解決したのです。

好ましくない行動はスルー、好ましい行動を肯定するという方法で、イヤイヤすること、切り替えられないこと、怒って嫌がることをスルーして、その代わりに自分で起きてくる、おはようと言う、ご飯を食べる、という今まで当たり前だと思っていた、できていることにたくさんの肯定の声かけをしていきました。

〈発達科学コミュニケーション〉を学びはじめて１ヶ月くらい過ぎた頃、息子を抱っこしていると、「お母さん、ありがとね」と言ってくれたのです。「なんて優しい気持ちの持ち主なんだろう、この子の母親でよかった」と、産まれて初めて子どもへの愛情を感じました。

ママが一人で子育てしなくていいんです！

障害のあるお子さんを育てていると、うまくいかないことの連続で、定型発達の子育ての何倍頑張っても、報われるように感じることがほとんどないかもしれません。孤独を感じることも多いものです。

「この子の将来はどうなってしまうんだろう……」と不安になるかもしれません。だから、もっとしっかりしつけないと！　と思って、ガミガミ怒っているお母さん。そんなママに伝えたいことは、エネルギーを注ぐところを今と逆にしてみてほしいということです。**好ましくない行動には声をかけず、好ましい行動に声かけをするという方法に変えてみてください**。今できている当たり前の小さなことに、「できたね」と声かけしていくだけで、お子さんの好ましくない行動が減り、好ましい行動が増えていきます。

1日8時間イライラガミガミしていた私ができたのです。だから、みなさんもできます。

ただ1つだけ注意点があります。それは**「一人で子育てしないで」**ということ！　一人で全部背負わなくていいんです。正しい方法を知っている、ちょっと先を歩く人にサポートしてもらうことが一番です！　障害のあるお子さんを今までの知識や一般の常識、自己流で育ててもうまくいきません。私も〈発達科学コミュニケーション〉で正しい知識を身に付けることで、毎日の困りごとから解放され、夢を持つ人生をはじめることができました。

実際に、何でもイヤイヤと言っていた息子が、今では「お母さん、今日もお仕事頑張ってね」と優しく励ましてくれたり、「僕、ご飯作る人になって、お母さんにカレーを作るよ」と将来の夢を語ったりするようになりました。

生後３ヵ月のとき、「この子の将来の年収は30万くらいだね」と医者から言われた息子の人生を、本人がやりたいことを実現できる人生にすることが、今の私の夢です！

私は現在、かつての私のように困っているお母さんに、〈発達科学コミュニケーション〉を届ける講師の仕事をしています。この仕事をはじめるとき、自分たち親子の夢を叶えながら、生徒さんのお子さんの今の困りごとを解消するだけでなく、お母さんとお子さんの夢を叶えると決めました。今度は私が、ダウン症の子育て、支援級・支援校の子育てに苦労しているママの最強のパートナーになって、ママと子どもたちを応援できる存在になっていきます！

＼ 天才すぎて
周りに理解してもらえない…。／

衝動性の強いADHD園児6歳

森あや（発達科学コミュニケーションマスタートレーナー）

こんなお悩みが解決できます♪

◎癇癪（かんしゃく）や自分勝手な行動に振り回されて叱ってばかり
◎子どものことが大事なのに、一緒にいるのが辛くて仕方ない
◎本やネットで対応方法を調べ尽くしたのに、解決しない
◎子どもの将来に希望が持てない

こんな変化がありました！

手がつけられない
問題児が、
ITに強い頼れる男子に
変身しました！

こんな子どもが
変わりました★

特性 ADHD（注意欠如・多動症）
+ASD（自閉スペクトラム症）
グレーゾーン

年齢 6歳（年長）

性別 男子

「ママをやめたい」息子にお手上げだった私

息子が年長さんだったとき、私はいつも「ママをやめたい」と思っていました。息子は自分勝手で、やりたいと思ったら周りの状況はお構いなし！　駅でエスカレーターの緊急停止ボタンを押す、病院の自動ドアを壊す、どこでも癇癪を起こし、外でひっくり返って大泣きする、家ではテーブルをひっくり返したり、おもちゃを投げて襖に穴を開ける……。幼稚園では友達にしつこく抱きついたり、わざとルールを破ったりしてしまう。お迎えに行くたびに、お友達や先生に呼び止められてクレームを受ける毎日でした。

「どうして言うことを聞いてくれないの！」と声が枯れるまで怒鳴ったり、手をあげてしまったこともあります。生まれたときは愛おしくて仕方なかったはずなのに……いつの間にか息子と一緒に過ごす時間が、辛くて仕方ない時間になっていました。

幼稚園に息子を迎えに行ったある日のことです。待ちくたびれた息子は私の顔を見るなり癇癪を起こし、水筒やカバンを投げはじめました。一生懸命なだめようとするけれど、息子は怒って私を殴ってくるだけ。みんながどんどん帰って行く中、たまたま通りかかった他のクラスの先生がこう言いました。

「お母さん、これどうすればいいんですか⁉　なんとかしてくださいよ！」

正直、息子を置いてどこかに逃げてしまいたいと思いました。どうして息子はこんなに手がかかるの？　どうしてこんなにめんどくさいの？　なんで私はこんなに頑張っているのに怒られなきゃいけないの？　なんでこんなに惨めな思いをしないといけないの⁉　そう思ったけれど言い返せるわけもなく、私は涙を堪えながら、「すみません」と謝ることしかできませんでした。

そんな息子をなんとかしようと思い、気が付けば私は「育児情報マニア」になっていました。よさそうな育児本を見つけると片っ端から読む、著名人のブログをチェックする。だけど、検索すればするほど、うまく子育てができない自分が情けなくなるだけで、解決策は見つかりませんでした。私のマインドの問題なのではないか、とアンガーマネジメントを勉強したり、心理学の講座を受けたりもしました。

小児科の先生や保健師さんに相談しても「ママに甘えているだけですね」「とにかく受け止めてあげてください」と言われるだけで、その度に「私の我慢が足りないからだ……」と自分を責め続けました。毎日カレンダーに「今日は絶対に怒らない！」と書いては「できなかった……」とバツを付ける日々でした。

「どうして私は、他のママが普通にやっていることが何ひとつできないんだろう。私は子どもを生んじゃいけない人間だったのかもしれない……」。母親としてだけでなく、一人の人間としての自信も完全に失っている状態でした。

「ケンくんの今の姿に騙されちゃだめですよ!」の一言で未来が変わった

こんな風にお手上げ状態だった息子ですが、私はどうしても息子を「育てにくい子」で終わらせたくない理由がありました。それは息子が時折見せる「能力の高さ」が気になっていたからです。

言葉が出るのが早く、おしゃべりが上手で、小さい頃は年齢を疑われることもしょっちゅうでした。また、学習能力に長けていて、練習しなくてもすぐに箸が使えたり、文字を教えたわけでもないのに気が付いたら平仮名が書けるようになっていたり。幼稚園の先生からも「ケンくん、頭はいいんですよね。なんでもできるし。だけど困った行動が多すぎて……」。こんな風に言われる子でした。

この子は何かを持っている気がする。だけど、このままだと息子は「問題児」としてレッテルを貼られたまま生きていくことになってしまう!

息子の未来を変えてあげられるのは私だけだ！　そんな思いでインターネット検索をしていたある日、吉野加容子さんの本を見つけ、すぐに購入しました。「私にもできることはあるんだ！」と嬉しくて一生懸命、本を読み込みました。そして本に書かれていることを実践するうちに、息子への声かけを変えていくのが楽しいと思うようになりました。もっと発達のことを勉強して、自分の手で息子を成長させられるようになりたい！　そう考え、個別相談に申し込みました。

吉野さんは、私のことを一切否定せずに、これまでの話を聞いてくれました。「ケンくんを育てるのはものすごく大変だったと思いますよ！　森さんが苦労するのは当然なんですよ！」そんな風に言ってくれました。そして、「お母さん、今のケンくんの姿に絶対に騙されちゃダメ！　今は困りごとが多くて苦労することが多いと思う。だけど、この子はこの先、大人がびっくりするようなことをどんどんやってのける、そんな子になりますよ。考えただけで私、鳥肌立ってますから、今！」と息子の未来にワクワクしてくれました。

吉野さんの頭の中には息子の数ヶ月後、数年後のビジョンがはっきり見えている。私もその息子の姿を絶対に見てみたい！　今まで絶望しかなかった息子の未来に初めてワクワクすることができ、そのためにできることはなんでもやろう！　そう決意しました。

誰よりも息子の成長を信じてコミュニケーションを変える！

「誰よりも息子の成長を自分が信じてあげれば、この子は絶対に変わる！」と私は自分に言い聞かせました。

息子の対応のポイントは「わかっているけどやめられない」という衝動性の強さにどう関わっていくか、でした。「走らないで！」「ちゃんと待ちなさい！」「ズルはダメだよ！」と、必死に注意しても全く改善されませんでした。それどころか、叱れば叱るほど問題行動が悪化する、そんな状態だったのです。そこで私は「問題行動を未然に防ぐ」という視点で、言い聞かせたり、しつけるのではなく、適切な声かけでやる気を引き出して行動させることに力を入れました。

1．我慢できている瞬間を見逃さずに褒め、成功体験をたくさん積ませる

実は何かをしているときに「やめさせる」というのは、脳科学的にも難しいと言われていることです。**だからやめさせるのではなく「いい行動をキープさせること」が対応のカギ**になってきます。

・道路に出たら「ちゃんと手を繋げているね」と褒める

・待つ場面では、列に並んだらすかさず「ちゃんと並べたね」と褒める
・神経衰弱で2枚だけめくれたら、「ちゃんとルールを守れたね」と褒める
こんな風に、できている段階ですぐに褒めることを徹底してやっていきました。

2. 感謝の気持ちを伝えることで、正しい行動を学習させる

実は衝動性が強いADHDタイプは、「人の役に立ちたい！」という気持ちが強い子が多いのです。こういうタイプは、感謝をされることで空気を読む、周りの状況に合わせて行動するなどの社会性が育っていきます。そこで私は「手伝ってくれるんだね！気付いてくれてありがとう！」「お母さんのお話を聞いてくれてありがとう！」などと褒めることで「ちゃんと正しく行動できているよ！」と成功体験をどんどん積ませていきました。すると息子の様子に変化が現れました。
・「聞きたいことがあるから手が空いたら教えてね」と相手の都合を優先して話しかける
・私が宅配の支払いをしている間に、玄関からキッチンへ届いた物を運んでくれる
など、相手の状況を考えて行動できることが増えたのです。そして何をしても解決しなかった癇癪が、たった3ヶ月でなくなりました。息子と一緒にいる時間が楽しい！そう思えるようになっていきました。

さらに私は息子を色々なところに連れて行ってあげよう、と思うようになり、それまで行くのを諦めていた「キッザニアやディズニーランドに一緒に行く!」という夢を叶えることもできました。

10年後の息子に、活躍できる未来を手渡すママ社長になる!

「息子が育てにくいのは、私の我慢が足りないから」

以前の私は自分のことを責め続け、自分にダメ出ししかできませんでした。そしていつしか「子育てができない自分＝ダメな人間」と自分を全否定するようになっていました。ですが、〈発達科学コミュニケーション〉に出会い、自分の手で息子を発達させることができるようになることで、子育てだけでなく自分自身への自信も取り戻していきました。今はマスタートレーナーとして、ママたちに〈発達科学コミュニケーション〉を教えたり、先生として活動していくママの育成を行っています。

息子は現在小学5年生です。小学校に上がってからは、独学でパソコンを勉強しはじめ、小1でアルファベット入力を習得し、小2でワードやパワーポイントなどのソフトを使いこなし、小3でマックブックやアイフォーンのセットアップができるようになり、さらには壊れたパソコンを直すこともできるようになりました。

私が関わり方を変えたら、息子は吉野さんの予言通りに「大人がびっくりすることをやってのける子ども」に成長したのです！

そんな私の今の目標は、息子が10年後に生きやすい未来をつくること。今の学校教育の中では、息子の本当の強みを活かしてあげることは難しいです。だけど、私は〈発達科学コミュニケーション〉に出会い、子どもの脳を発達させる技術を手に入れて、ママ社長として自分の夢を叶える力も手に入れました。だから、私は誰かがやってくれるのを待つのではなく、自分で息子の未来を変えていきます。

そのために学校教育が合わない子の〝自学力〟を育てるママを増やして、エジソンやスティーブ・ジョブズのように、世の中を変える人財をどんどん生み出すチームをつくる！　これが私の目標です。

思い通りにならないと
怒り出し、

友達トラブルが絶えない園児6歳

成瀬まなみ（発達科学コミュニケーショントレーナー）

こんなお悩みが解決できます♪

◎癇癪（かんしゃく）でしか自分の気持ちを伝えられない
◎お友達との関わり方が下手
◎何にもチャレンジしない

こんな変化がありました！

自分を
理解してもらえる
コミュニケーション力
が育ちました！

こんな子どもが
変わりました★

特性 ADHD（注意欠如・多動症）
+ASD（自閉スペクトラム症）
グレーゾーン

年齢 6歳（年長）

性別 女子

しつけをしているのに、どうしてこんなにワガママなの？

「こんなに赤ちゃんって大声で泣き続けるものなの……？」。娘は生まれたときから感覚が過敏でなかなか寝ない、気に入らないことがあると、この世の終わりのように何十分でも泣き続ける、そんな赤ちゃんでした。

初めての子どもで、他の子との比較ができなかった私は、「みんなこんなに大変な思いで子育てしているの？　世の中のお母さんって、みんな時限爆弾を抱えるような気持ちで毎日生きているの？　そうだとしたら、母親業ってなんて過酷なんだろう……」と思っていました。

そして、漠然と「うちの子だけ何か違うのではないか」という、何とも言えない違和感を覚えながら、24時間べったりの、永遠にも感じるほど長く思える親子時間を過ごしていました。

無事に幼稚園に入園させ、やっと手が離れて一安心と思っていたのですが、年中に上がると先生からこんな電話が頻繁にかかってくるようになりました。

・おもちゃを貸せない

・こだわりが強く自分の遊び方のルールを押し付ける
・ゲームや競争で負けると癇癪を起こす
・距離感がわからず、嫌がられているのにグイグイ近づく
・先生の話を聞かずに、勝手に工作などをはじめてしまう

当時の私は、気に入らないことがあるとすぐに癇癪を起こす娘に、どう対応したらよいかがわかりませんでした。このまま大人になったら、とんでもないワガママ人間になってしまうと思っていました。だからこそ、私が厳しくしつけなきゃダメだと思っていたのです。

そして、保育参観で教室に入ったときでした。同じクラスの女の子から「サエちゃんが来たからあっち行こう！」と娘が避けられている場面を目撃したのです。その子は娘にキツイ言い方をされたり、強引にルールを押し付けられたりしたのかもしません。

娘は人が大好きで、誰とでも仲良くなりたい子なのに、すでに幼稚園のコミュニティの中で避けられている、という現実を知りました。それでも、友達の気持ちに気付かずに、必死に追いかけている娘の姿を見て、切なくて、かわいそうで、涙がこらえきれま

せんでした。

その日から、私はますます焦って、娘に〝正しいこと〟を教え込もうとしました。ところが、どんなに〝お友達との優しい関わり方〟を教えてもできません。しだいに私もイライラして、優しい関わり方を教えているはずなのに、最終的には私が怒鳴ってしまう始末でした。

こんな悪循環を繰り返していたとき、とうとう娘から「ママなんて私のこと怒ってばっかりだから、嫌いなんでしょ！　いなくなればいいと思ってるんでしょ！」と言われたのです。その瞬間、頭を殴られたような衝撃が走りました。変わらなくちゃいけないのはまずは私なんだ、とやっとわかったのです。

グレーゾーンかもしれないとわかったとき、感じたのは安堵でした

変わらなきゃと思いつつ、何からはじめればいいのかわからず途方に暮れていたとき、たまたまテレビで「発達障害グレーゾーン」の特集番組を目にしました。そこで出てきたチェック項目のほとんどが娘の困りごとに当てはまるとわかったとき、初めて「娘は発達障害なのかもしれない」と思いました。そのとき感じたのは不思議と絶望ではなく、

なぜか安堵でした。

今までどんなことをしても直らなかった困りごとが、本人の性格やワガママが原因じゃないのなら直せるかもしれない、という一筋の光に感じたからです。そうしてインターネットや本で調べていくうちに、吉野加容子さんのブログと著書に出会いました。

吉野さんとの個別相談で「発達障害のグレーゾーンだと思います。今までお母さん頑張ってきましたね。サエちゃんも周りに合わせようと相当頑張っているはずですよ」と言われたとき、初めて娘の苦しみを知りました。

ずっと娘は苦しかったんだ。できなくて悔しかったんだとわかり、今まで真逆の対応をしてきたことを後悔すると共に、「学べば娘を理解できるようになるんだ！　知りたい！　本当は叱りたくない！」と強く思いました。

今までとは真逆の子育てメソッドに、最初は違和感だらけ！

そこから私は、娘の苦手にフォーカスして、伸ばしたかった3つのポイントに絞って、学んだことを実践していきました。

1. お友達と仲良くできるコミュニケーション力

まず一番最初に変えたことは、「娘が何度同じことを話しても笑顔で聞く！」。まずは、これだけを徹底しました。その頃の娘は、不安の強さやこだわりから、1日に何度も同じ話をしました。私は、娘が嬉しそうに話す姿が辛かったのです。なぜなら、何度相槌を打っても同じ話を繰り返す姿は異様で、大きくなってもこれが続けば、明らかに面倒がられたり、受け入れてもらえなかったりするだろうと思っていたからです。

まず、その考えをガラッと変えました。何度でも笑顔で目を見て、「そうなんだね、嬉しいね！」「そっか、楽しみだね！」「へぇすごいね！　よく覚えたね！」そんな風に、何度でも何度でも娘の話を聞きました。

すると、それまで何度も同じ話をしていた娘が、「あっ！　さっきと同じ話してたね！　ママごめんね、何回も聞いてくれてありがとう！」そう言ったのです。その言葉を聞いたとき、私は涙が止まりませんでした。娘が何度も同じ話をしていたのは、私に聞いてもらえていないの

ではないか、という不安からだったのです。

娘は「話を聞いてもらえる」という嬉しさから、素直さがどんどん育ち、好きなことを認めてもらえることで、さらに探求する姿勢が育っていきました。それが、今の行動力に繋がってきています。

2. 苦手なことにも癇癪を起こさず取り組める行動力

まず「できることには手を出さずに、何でも自分一人でできるようにするのがよい」というそれまでの価値観をごっそり捨てることからはじめました。

昨日できたことだって、疲れ具合、体調、気分によってはできない日もある。だからこそ、苦手なことに取り組むときには特に、

・どこを手伝えばノリノリでやりたくなるかな？

・ご褒美をあげてから一緒にやったらできるかな？

そんな視点でサポートすることで、格段に癇癪を起こすことがなくなりました。ちょっと苦手かなと思っても、試行錯誤しながらまずはやってみる。この力がつくことで「なんでもやればできるんだ！」という自信がどんどんついてきています。

3. 初めてのことにもチャレンジできる、不安乗り越え力

これが一番難しいことでした。なぜなら、不安は形がなく、目に見えないものなので、その不安を取り去るのはとても難しいことだからです。特に、初めての場所や経験は、先の見通しの立たないことだらけ。どうなるのかわからない、という状況が苦手な娘にとって、一番苦戦した点でした。

ここを乗り越えるために「やってみたい！」と言ったことには、どんどんチャレンジさせて、成功体験に繋げていきました。

例えば、娘が「バイオリンかっこいい！　習ってみたいな」と言ったとき、私は「チャンス！」と思い、すぐにバイオリン教室に連れていきました。ところが、先生がバイオリンに触らせてくれた瞬間に、震えが止まらなくなり、トイレから出られなくなってしまったのです。その後、深呼吸を繰り返し、なんとか落ち着いた娘は先生のもとに戻り、バイオリンに触ることができました。

幸いバイオリンを弾くのは楽しかったようで、習ってみたいと本人が希望したため、レッスンを申し込むことにしました。ところが、初めてのレッスンの日「やっぱり行かない」と娘が言い出したのです。

そこで私は、それまで娘と一緒に乗り越えてきた、成功体験のエピソードをたくさん

聞かせました。「ブランコも最初怖かったけど、乗れるようになったら楽しくなったよね！」「スキーも練習したら滑れるようになったよね！」と、娘が自分で乗り越えてきた「できた」記憶をとにかく繰り返し伝えました。すると「バイオリン弾けるようになりたい」という方向に気持ちが変わっていきました。

自分でチャレンジすると決めた娘に「できるよ！」「今の音キレイだったよ！」と声をかけ続けたところ、「やめたい」と言ってから1ヶ月で「バイオリン楽しい」と笑顔で通えるようになりました。

こんな風に娘にとって必要な力を伸ばすために、３つの軸で取り組んできたことで、自分で問題を乗り越える力が、今もぐんぐん伸びています。

苦手は弱みじゃない！　繊細な娘と一緒につかみはじめた新しい未来への扉

お子さんが、将来自立した大人になるために、最強の武器を持たせてあげられるのは誰だろう、と考えたことはありますか？　実は学校で教えてもらえること、学べることの中には我が子の才能を伸ばすことができる学びはそう多くありません。けれど、ママの手でその力を伸ばすことができたら、毎日子どもに心からの愛情を伝えながら、未来を生き抜く力を育てていくことができます。

子育ての辛さから解放された私は〈こども社長メソッド〉という、お手伝いで、遊びながらおうちでキャリア教育ができる方法を発達のグレーゾーンキッズのママに伝える専門家として活動するようになりました。

我が家の娘もお手伝いを毎日楽しんでやってくれていますが、子どもの発想力やアイディア、探究心は、まさに答えのない遊びから伸びていくと実感しています。お手伝いをするようになってから、娘は苦手さを乗り越えることを「楽しい」と思うことで、得意を伸ばしていくこともどんどん上手になっているからです。

大人の接し方や見方、伝える言葉を少しだけ変えて、お子さんにコミュニケーション力と自信、乗り越える力をつけて社会に送り出すことができれば、どんな子だって、その子だけの才能を開花させることができます。

今「育てにくい子」の子育てに悩んでいるママ、ぜひ一緒に子どもを楽しく伸ばす子育てにチャレンジしましょう！

＼ 料理を工夫しても、 ／

偏食がひどく食事のたびに泣き叫ぶ園児4歳

渡辺ひろみ（発達科学コミュニケーショントレーナー）

こんなお悩みが解決できます♪

◎食事中の癇癪（かんしゃく）が怖い。偏食の子どもとの食事から逃げたい。

◎料理を工夫しても偏食が改善しない。

◎子どものことがわからないなんて、母親失格だ。

こんな子どもが変わりました★

特性

ADHD（注意欠如・多動症）
+ASD（自閉スペクトラム症）
グレーゾーン

年齢 4歳（年少）

性別 男子

こんな変化がありました！

食事時間の癇癪がなくなり楽しく食べられるようになりました！

幼稚園で、偏食はよくなると思っていました

私は、息子が幼稚園児になったら、自然になんでも食べるようになると思っていました。理由は2つあります。1つ目は、先生はプロだからということ。2つ目は、同い年の子どもたちが食べていることに感化されて食べるようになる、という話を聞いたことがあったからです。しかし息子が変わるかもしれない、という私の期待はすぐに崩れました。

先生との5月の面談のとき「給食を一人で食べません」と言われたのです。「え？　どういうこと？　家では食べるときもあるのに……」。先生は続けて話しました。「給食弁当の蓋を副担任が開けて、ハンバーグのソースをよけて一口サイズに切って、フォークで刺してあげないと食べません。おうちでは、どのようにされていますか？」。私は頭が真っ白になりました。「どうしよう……確かにハンバーグは自分で食べない。大きいままフォークで刺すことはないから私が全部補助をしている……」。そう思いながらも、それじゃあ、ダメですよ、と言われることが怖くて、先生には事実を伝えられませんでした。たまに一緒に切ることもあるので「おかしいなぁ、自分で切ることもあるんですけどね……」と、にごして答えました。

私の手料理だけ食べてくれない

当時の私は、子育てに自信をなくしていました。息子との食事からずっと逃げたいと思っていたからです。息子は2歳になる前から、食事のたびに泣き叫び、暴れるという癇癪がありました。

例えば、義母が作るハンバーグを美味しそうに食べていたので、真似して作ったときのことです。私は食べてくれることを楽しみにしていました。

「ハンバーグじゃない！　焼けてない！」。息子は泣き叫び、手足をバタバタして暴れはじめました。

「ハンバーグだよ！　ちゃんと焼けてるよ！」。私はもっと焼き目をつけます。焼き目に納得すると「切って！」とリクエスト。

切ると、今度は「大きい！」と泣き叫ぶ息子。

「そんなのフォークで刺して食べればいいじゃん！」。ぐちぐち言いながら小さく切ると、ハンバーグが崩れてしまいました。

「グチャグチャになった！　もう食べられない！」。この世の終わりのような大声で泣き出す息子。

「すくって食べればいいじゃん！　味は一緒だよ！」

そんな声は届かず、今度は泣きながら、下半身だけ椅子からずり落ちはじめました。「落ちる！」と足で床をバタバタ蹴る息子に「いい加減にしてよ！」とイライラが募ります。義母の料理は食べて、私の料理を食べない息子に腹が立ち、自分で椅子から落ちたのに、戻れないことにうんざりして「それくらい自分で戻ってよ！」と怒りながら力ずくで椅子に引き上げます。せっかく引き上げたのに「痛い！」と叫びながら、再び椅子からずり落ちる息子に大きなため息をつく、という毎日でした。

息子は泣きはじめると、平気で2時間は泣き続けます。なだめても、違うことを提案しても、泣き止まない息子に、息子の大好きなお布団を巻きつけ、今日は何時に泣き止むんだろう、と思いながらただただ背中を撫で続けました。

理想の食事ができず、心がズタズタ

私は不妊治療を受けて、息子を授かることができました。まさに、待望の赤ちゃんでした。少し大きくなったら、子どもが好きな料理を作って、家族みんなでニコニコ楽しく食事がしたい。何を作ろうかな、とワクワクしていました。なぜなら、自分が子どものときに、母の作った料理をたくさん持って、ピクニックや動物園に行ったときが楽しくて幸せだったからです。だからこそ、息子に食べてもらいたくて、食材を細かく切ったり、見た目を変えたり、「美味しい！」と食べて見せたりしましたが、息子は変わりませんでした。

もう頑張れない。どこかに逃げたい……だけど、食べさせないと息子は死んでしまう。癇癪を恐れながら、息子の機嫌を損ねないように、ハンバーグを一口大に切って食べさせ、癇癪がないとホッとする日々が続いていました。

誰か助けて！　心の中で叫んでいましたが、給食を一人で食べないと聞き、息子が自分で食べられるようにしないといけないんだという危機感と、息子との食事に真剣に向き合わなければいけないという恐怖で、複雑な気持ちになりました。

息子は発達のグレーゾーン？　初めて母親として自信が持てた

私は息子の偏食のこと以上に、息子の好きなことも得意なこともわからず、自分は母親失格だと思っていました。他のお母さんが「息子は絵本が大好きなの」などと話している姿は、とても輝いて見えました。

そんなとき、妹に教えてもらったパステル総研のホームページを見ると、発達障害グレーゾーンのことが書かれていました。健診で発達について何も言われたことはありませんでしたが、ADHDと自閉スペクトラム症の項目を見て驚きました。ADHDは当てはまらない部分もありましたが、自閉スペクトラム症にはまさに息子のことが書かれていました。

「息子は発達のグレーゾーンかもしれない」。息子のことを初めて理解できたと感じました。

息子の様子と自分に合いそうなトレーナーの先生のセミナーや個別相談に参加すると、これまで息子の子育てが難しかった理由がわかりました。この通りにやったら、本当に子育てが変わるのかな？　不安もありましたが、「〈発達科学コミュニケーション〉しかない！」という直感を信じて学ぶことを決めました。どこを調べても偏食のことが解決しなかったので、すがるような思いでした。

会話を変えたら、息子に自信がついた！

「息子が自分で食べること」と「癇癪を減らすこと」を目標にしました。最初にしたことは、食事に息子の大好きなラーメンだけを出すことです。何を作ったらいいのかわからない苦痛をなくし、息子に喜んで食事をしてもらうためです。それから、３つのことを徹底しました。

1．当たり前にできていることを褒める

食事に来たら「すぐ来てくれて、ありがとう」
スプーンを持ったら「食べようとしているんだね」
自分で食べたら「自分で食べるって美味しいよね」
食事では日常の2倍ほど多めに褒めました。褒める場所を探していると、「これもできてる！」「あれもできている！」と私も嬉しくなり、自然と笑顔が増えていきました。息子も褒められることが嬉しそうで、会話も増えて行動も早くなりました。

2．癇癪に向き合うコミュニケーションを決めておく

大好きなラーメンでも、温度の加減によって癇癪が生じます。「熱い！」と暴れるので、椅子ごとテーブルから離しました。ラーメンを移動してしまうと、大好きなものがなくなることにパニックを起こすので、ラーメンはテーブルから動かさないことにしました。叫び声や、バタバタしていた足が止まったときに息子に近づき「自分で落ち着けたんだね」「熱くてビックリしたね」「早く食べたかったよね」と息子の体をさすりながら、気持ちを代弁します。そのあと「フーフーする？　氷を入れる？」など提案をし、息子が選んだら「いいね！　選べたね」と褒めてから、選んだ行動に移りました。

対応をあらかじめ考えておくことで、怒ることも落胆することもなく対応ができました。

3. 給食を食べなくても褒める

息子にとって、食べるものを選べない給食はハードルがとても高かったのです。さらに、息子は、においや初めて見るものに敏感です。そこで、私は給食の献立の中から、1つ挑戦できそうな料理を選び**「○○のにおいを教えて」「何色があったか教えて」と観察をお願いしました**。できたら、用意していたご褒美ボックスから1つ好きなお菓子を選べることにしました。「においが無理だった」と悲しそうな日もありましたが、「嗅ごうと思ったなんて頑張ったね！」とできたところを褒めて、息子はご褒美をゲット。〝僕はできない子だ〟というオーラをまとっていた息子も、自信を持ってチャレンジしたことを教えてくれるようになりました。

子育てを変えるのは自分

息子との関わりを変えて気付いたことは、私は息子のことも自分の頑張りも認めてくれる人がほしかったということでした。誰も息子のことを理解してくれないと嘆き、この世に味方はいないと思っていました。初めての子育てで、母親だから一人で頑張らないといけないと思い込み、誰かに相談したときに責められることが怖くて、誰にも頼れなかったのです。そのため、自分の限界に気付けなかったのだと思います。

感覚過敏、こだわり、不安のある子どもを育てていると、食事に対して良い記憶がないことがほとんどかもしれません。**お母さんはわかってくれている、と子どもが安心すると感覚過敏やこだわりが落ち着き、自信もついてきます。**

私が関わり方を変えると、息子の癇癪は2ヶ月ほどで減り、新しい食べ物に挑戦したり、食べられないときに工夫したりして（例えば、ふりかけご飯を裏返しにする）食べるようになりました。

今、息子は小学2年生。好き嫌いはありますが、色々なものを食べるようになり、食事の困りごとはなくなりました。私自身も、「子育てって楽しい！　息子が大好き！」と思えるようになりました。

偏食は料理を工夫するだけでなく、コミュニケーションから変えることもできます。

料理でうまくいかないお母さんは、子どもの接し方に目を向けて、変えられることがないか考えてみてくださいね。

第3章

発達のお悩み解決ストーリー

小学生編

Chapter.3

＼ 毎日学校から
電話がかかってくる! ／

トラブルメーカーだったADHD小2男子

水本しおり(発達科学コミュニケーションマスタートレーナー)

こんなお悩みが解決できます♪

◎反抗的で困っている
◎学校でトラブルを起こし困っている
◎辛い子育てを脱出したいけれど、どうしたらいいかわからない

こんな変化がありました!

毎日かかってきていた
学校からの電話が、
たった1ヶ月で
月に3〜4回にまで
減りました!

こんな子どもが変わりました★

特性
ADHD(注意欠如・多動症)
グレーゾーン

年齢 8歳(小2)

性別 男子

毎晩7時の
電話は恐怖でした
ぎくっ
プルルルルッ

はい…
お母さん
ですか？

今日も友達と
揉めました
先生に
反抗的です
みんなと一緒に
ダンスができません
ちゃんと
しつけてください

ハイッ
ハイッ
あぁ…

うちの子は
そんなに
悪い子なの!?

息子はADHDグレーゾーン
すみませんっ
大丈夫よ〜〜
小1までは個性的な子
しかし小学2年生で転校したとき

私たちの地獄がはじまったのです
わ゛ぁぁ
やめて！ものを投げちゃダメ！

変わった環境に合わず息子は激変！
イライラしてものに当たったり意地悪したり
人が変わったようになりました

宿題しなさい！
歯磨きは？
お友達に意地悪しないで！
イ゛メ゛ァマ゛ア゛ッ

グァーーー!!!
ガンッ
ドンッ
やめなさい！

どうしてしまったの!?
やめてっ
もうやめてっ

先生にも息子はトラブルメーカーだと思われ
困りますっ
毎日学校から電話が来る日々

キツく叱ってもどんどん悪化し…

なんでこんなにバカなんだ！
僕なんていないほうがいいんだ！
ボカ
ボカ
ボカ
自信をなくした息子は自傷にはしるように…

事件は遠足の日に起こりました
お弁当楽しみや！
ママの唐揚げ入れてな！
卵焼きも！

いってきます!!
今ごろ楽しんでるかな〜
プルルッ

学校から？
学校
ピッ

イッキくんは
遠足を
休ませました
!?
私は耳を
疑いました

理不尽に
注意され
机の下に
潜り込んだ息子を
連れて行くのは
危険と置いて
いったのです

じゃあ…
うちの息子は
今日どうして
るんですか?

イッキくんは…

折り紙をして
教室でお弁当を
食べました
そんな…

あんなに
楽しみに
してたのに…
しおり

もう辛い
思いをして
ほしくない！
その一心で
毎日言い聞かせ
続けましたが
状況は
さらに悪化

受診した病院でも…
ADHDグレーかな？
改善するかわからないけど薬飲む？
お子様のことももっと褒めてあげてね
はぁ…
褒める？この子を？
どうやって？
よくないことばかりで
やるべきことはしないのに…
薬よりも子どもへの関わり方が知りたかったのに…
何の解決策もないまま途方に暮れました…

グレーゾーンの子の子育てへのフォローがない！
だったら、自分でやるしかない！

受診後、ついに学校からは「学校に来ないでほしい」と言われました。息子はトラブルを起こす毎日でしたが、学校が好きだったので、毎朝「行ってきます！」と笑顔で学校に行っていました。そんな子に「学校にもうすぐ行けなくなるよ」と伝えるのが辛くて仕方がありませんでした。学校に行くという、普通のことをさせてあげられないことが辛かったのですが、病院に行っても何も変わらず、学校の先生たちもどうしたらいいのかわからないようでした。

だったら、この子は誰が助けてくれるんだろうか？　そう考えたとき、この状況を変えられるのは私しかいないと感じ、問題を解決できそうなところを片っ端から探しはじめました。結局、病院も行政も民間療育も、どこも私たちの助けにはならず、〈発達科学コミュニケーション〉にたどり着きました。

地獄のような毎日に希望がさした

家で癇癪（かんしゃく）を起こしまくる息子を見る毎日……。学校からかかってくる毎日の電話は、本当に辛かったです。

あんなに可愛かったのに「何でそんなことするの？」「何でこんなに私を困らせるの？」「何で普通のことが普通にできないの」「みんなと同じでいてよ」そんな気持ちが渦巻き、子どもの将来も不安になり、毎日が真っ暗闇の出口の見えないトンネルにいるような気持ちでした。

学校からの電話を受けては、寝室で泣く日々。ずっと気持ちが晴れず、もやもやしんどくて、いつも電話に怯えている。そんな毎日を私は1年以上過ごしていました。

だからこそ、〈発達科学コミュニケーション〉で子どもが改善していく様子を見たとき、一筋の希望の光が見えた。そんな感覚でした。

関わり方を変えただけで、1年以上続いた地獄から抜け出せた！

〈発達科学コミュニケーション〉を学びはじめたとき、息子はとにかく自信がなく怒りっぽい状態になっていたため、まずはこの状態を改善するために、2つのことに集中して取り組みました。それらの関わりを徹底することで、息子はたった3週間ですっかり穏やかになりました。

1.「できている」ことを伝える

特別にいいことではなくても、普段の行動でできていることをとにかく声に出して息子に伝えました。

「目を覚ませたね！」「おはようって言えたね！」「弟と一緒にテレビ見れてるね！」「ご飯食べられたね！」「座れたね！」「鉛筆持てたね！」「ノート広げられたね！」

特別なことではなくても、日常行動はできているよ、と伝えました。

また、宿題などは全部できなかったとしても、取り組もうとしたことを認めて、できているよと口に出していました。「できていること」を伝え続けることで、息子に自信がつき、みるみるうちに彼の中に優しさや穏やかさが戻っていきました。

2. 指摘をしない

息子がよくないとわかっているけどやっていることや、できていなくても危険がないこと、周りに迷惑にならないことは指摘することをやめました。指摘しない代わりに、よい行動をしたときに「できている」と伝えるようにしました。例えば、部屋の扉を閉めていないときも指摘はせずに、閉めたときに「できたね」と伝えます。たったこれだけで、今までわざとやっていたような、よくないことはやらなくなり、言わなくてもやるべきことをできるようになっていきました。

家での変化をもとに、学校でのトラブルも落ち着かせたいと考え、家での関わり方をレポートにして、学校での具体的な対応方法を担任の先生に伝えました。そうすると、毎日かかってきていた学校からの電話が、１ヶ月後には月に3～4回にまで減りました。

そんなある日、息子が私にこう言いました。

「ママ、みんなと違うってしんどいんやで。たくさん我慢することあんねん。だけど、僕には大いなる力があって、大いなる責任が伴うから、頑張るわ」

それを聞いたときは、すごく切なくて涙が溢れました。だけど、前向きになった息子を感じ、この子の未来はここからはじまると確信しました。

辛い子育てを抜け出す3つの提案

息子は今では家で奇声をあげたり、私に無意味に反抗することは全くなく、送り迎えをすれば、「ママ、ありがとう」と伝えてくれたり、お手伝いもしてくれるようになりました。宿題も自分で取り組み、家で困ることはなくなりました。もちろん、年齢相応の子育ての悩みはありますが、発達についての困りごとを家では抱えてはいません。

ですが、集団生活では、息子のネガティブな失敗経験が息子の足を引っ張っています。スクールカウンセラーには「昔の失敗経験が彼の性格形成に影響を及ぼしている」と言われたこともあります。自信がなくなった経験から、ものの捉え方がネガティブになってしまい、いいことよりも悪いことのほうに目が向いたり、言われたことや他のみんなの行動をネガティブに捉えて誤解してしまう生きづらさも抱えています。

息子が3歳くらいの頃に〈発達科学コミュニケーション〉に出会っていたら、息子の人生や息子の今は変わっていたのかもしれないと感じています。

だから、**気付いたときになるべく早く正しい対応をしてあげることがとても大事**だと身をもって感じています。とはいえ、もう子どもが大きくなってしまったから無理なのかな、と不安になる必要はなく、**大きくなっても脳は発達するので、気付いたそのときに動き出すことが大事**だと私は思います。

子どもの発達に何かあれば療育を利用する、それが今のスタンダードです。だけど、子どもの苦手を誰かに任せていても、子どもは変わっていきません。子どもたちは私たちが思う以上にママが大好きで、ママをずーっと見ています。だからこそ、私たちの対応１つで子どもたちに大きな変化をもたらします。

もし今、過去の私のように困っている人がいるのであれば、今の状況を抜け出す３つの提案をさせてください。

1. ママがお子さんのことを理解してあげること
2. ママがお子さんに合う関わり方や知識を得ること
3. とにかくママが毎日笑顔で幸せでいること

この３つさえできればママも子どもも人生が変わっていきます。

ママが変わって子どもが変わる、この順番です。まずはママが自分を変えるチャレンジをしてみてください。ママが幸せになるチャレンジをしてみてください。自分を変えるのは大変だけど、毎日ガミガミ言っていた私ですら変われました。子どもを思う気持ちがあり、やり方さえ知ることができれば誰でも変われます。

息子はまだ大丈夫かもしれない……そんな希望を見出せたとき、私と同じ経験をしているママ、私と同じように悩んでいるママ、今この瞬間も苦しんでいるママたちに「大丈夫！　子どもたちが変われる方法、ママが楽になる方法がここにあるよ」と伝えたい。私たちのような親子を増やしたくない。そう思い、私は発達科学コミュニケーショントレーナーになることを決めました。

私は今、ＡＤＨＤの子育てに悩む親子をサポートする仕事をしています。ＡＤＨＤの子どもを問題児にさせず、得意を伸ばしヒーローにする！　そして、ママには辛かった子育てから輝く人生にチャレンジする生き方を提案しています。子育ての悩みを決して一人で抱え込まないでほしいと願っています！

不安が募って
パニック…。

繊細すぎて自分から行動できないHSC小2女子

丸山香緒里（発達科学コミュニケーションリサーチャー）

こんなお悩みが解決できます♪

◎学校では優等生で家庭での様子とギャップがある
◎繊細で不安が強く、できることも諦めてしまう
◎失敗したくないから積極的に行動できない

こんな変化がありました！

自分から
新しいことに
どんどんチャレンジ
するように
なりました！

こんな子どもが
変わりました★

特性
HSC（人一倍敏感な子）
グレーゾーン

年齢 8歳（小2）

性別 女子

不安のあまりパニックで嘔吐！　繊細過ぎる娘

私は現在小学校4年生の息子と、小学校3年生の娘を育てています。息子が自閉スペクトラム症と診断されたことをきっかけに、発達を学ぶ日々がはじまりました。ですが、私が本当に手を焼いていたのは、息子ではなく娘のほうだったのです！

通知表にはAがズラリ、ダンスや体操が得意でお友達もたくさんいる娘は、絵に描いたような優等生に見えます。ですが、とにかく繊細なガラスのハートの持ち主！　地震や火事、交通事故、大雨や雷、花火や工事現場、酔っぱらって絡んできたオジサンなど、自分の力が及ばない物事への不安や恐怖心がとても強い子です。

何年も前のことが突然フラッシュバックすることもあり、一度不安になると何十分も泣き続けます。お菓子や遊びで気持ちを切り替えようとしても「そうじゃない！」と断固拒否。不安のあまり嘔吐することもありました。

学校と家庭で全く違う顔を見せる娘に、私は「学校で頑張れるなら大丈夫かな」と考える一方で、「学校でもパニックになってしまったらどうしよう」という不安を常に抱えていました。

恐れていた日がやってきた……校門の前で大号泣

そんな私の不安がついに現実になったのが、ある校内イベントの日でした。ある男の子が先生からもらったプレゼントを「いらない」と他の子にあげたことが、すべてのはじまりでした。「プレゼントを用意した人の気持ちがわからないなら、幼稚園に帰りなさい！」と怒鳴って廊下に立たせるほど、担任の先生の叱責はすさまじかったそうです。

校門の外で待っていた私を見た瞬間、娘の不安と恐怖は大爆発！　私のもとへ猛ダッシュしてきたかと思うと、抱き着いて大号泣。「何があったの!?」と聞いても、「先生が怖い！　思い出したくない、言えない！　無理！」と恐怖で顔を上げることもできませんでした。身動きが取れないほど強い力で抱きつかれ、どうしたらいいか困っているうちに、校門の前には遠巻きに私たちを見る親子が増えていきました。娘は注目されていることに気付くと、さらに激しく泣き出し、私はランドセルごと娘を力づくで抱きかかえて何とか帰宅しました。

失敗したくない！　自分から行動することをやめた娘

その日から娘はどんなことも「失敗しないように」と考え、自ら行動することができなくなってしまいました。

「失敗して怒られたくない」「周囲の人から注目を浴びたくない」

失敗が怖いから、授業中に手を挙げたくない。だけど挙手しないと怒られるかもしれないから、本当にわかる問題にだけ一瞬手を挙げる。上手にできているのに、習い事の発表会で前列には絶対に立ちたくない。何事も細心の注意を払い、ビクビク行動するようになってしまったのです。

もどかしさを通り越して憤り！　チャンスを放棄するなんて許せなかった私

そんな娘の変化はママ友からも「カホちゃん、最近どうしたの？」と心配されるほど明らかなものでした。私は娘の不安に寄り添いたいと思う一方で、もどかしい気持ちが消せないでいました。

発達を学ぶきっかけをくれた自閉スペクトラム症の息子には、頑張っても時間をかけても上手にできないことがたくさんあります。片や、できることですら「ちょっと不安だからやめとこうかな……」が口癖になり、自分からチャンスを放棄していく娘。その姿に憤りを感じることもありました。

「グチグチ言ってないで、できるんだからやればいいじゃん！」と思っていたのです。

そんな私が変わったのは、娘の一言でした。

娘の心の叫び！
「私だって、どうしたらいいのかわからないから困ってるの！」

ある日のこと、私は習い事のお迎えに遅れてしまいました。予想した通り娘はグズグズ泣いています。私が悪いので平謝りでしたが、それも何十分も続くとイライラしてきます。何度も謝った。次は気を付けると約束した。おやつや遊びに誘っても「そうじゃない！」と全否定される。じゃあこれ以上何をすればいいの？

そう思った私は、ついこんな風に言ってしまったのです。「じゃあ、お母さんにどうしてほしいの？　どうすれば気持ちがすっきりする？」そんな私へ、娘は泣きながらこう言いました。

「私だって、どうしたらいいのかわからないから困ってるの！　何をしたらこの気持ちが消えてくれるかわからない！」

その瞬間、私はイライラしていた自分が本当に恥ずかしくなりました。

この子はワガママで言ってるんじゃない。本当は楽しく過ごしたいのに、不安や辛い気持ちがどこまでもどこまでも追いかけてくる。辛いのはこの子に付き合ってる私じゃない！　この子が一番辛いんだ……と痛感しました。

そして、不安や辛い気持ちがゾンビのように娘を追いかけてくるのなら、そこから娘を守りたい！「できそうだからやってみたい！」と行動できるぐらいの大きな自信を手渡してあげたい、という気持ちが湧き上がってきたのです。

「自信」とは自分との約束を守った量！　自信を貯めるチャレンジをスタート

〈発達科学コミュニケーション〉を学んで、私は毎日子どもたちを認めて褒める子育てをしてきました。勉強も運動もできる娘は、学校でも習い事でも注意を受けることはなく、いつも褒めてもらってばかりでした。

自信が育ちやすい環境なのに不安が消えないということは、ただ褒めるだけでは不十分なのかもしれない……そこで「自信とは自分との約束を守った量」という〈発達科学コミュニケーション〉の考え方に基づいて、自信を数字として貯めていくことにしました。

目から鱗を狙え！　娘の「自信」の概念を変える

最初に娘が考えたお約束は、「1日いい子で過ごす！　お手伝いもお勉強もする！　お手伝いはご飯を作って洗濯物をたたむ」というもの。ものすごく高いハードルを設定してきました。それよりも、当たり前のことを認められるようになってほしい、小さなハナマルをたくさんつけてほしい！　そこで、もっと簡単に自信が貯まることをやって見せることにしました。

「それもすごいけどさ、自信ってもっと簡単に貯まるんだよ！　今からお母さんトイレに行くね。5分で帰って来られるように頑張る！」

娘は「え！　そんなのでいいの？」とびっくり！　こんな日常の当たり前が自信になるとは、思ってもみなかったようです。

「そんなに簡単でいいんだ！　じゃあこの本を7時までに読み終わろうかな♪」と自

分の好きなことを約束しました。無事6時55分に読み終わり、〝1自信〟ゲット！　着替える、歯を磨く、ご飯を食べる、などの日常の行動も、約束して達成していくことで、半日でなんと36の自信が貯まりました。

「少ないから意味がない」人と比べて自信がなくなるガラスのハート

ところがしばらくすると娘が泣きながらやってきました。

「お兄ちゃんは自信が10億個もあるんだって……私は36個しかない、自信ない……もう0になっちゃった……」。そこには「オレ、自信は10億個あるから♪」と満面の笑みで何度も自慢げに話す息子の姿が！　息子よ、すごく嬉しいけど、今は娘の前で言わないでほしかった……。

気を取り直して「自分とのお約束だから、お兄ちゃんは関係ないんだよ」と伝えましたが、「私のほうが少ないから意味がない、もう自信ない……」と聞く耳を持とうとしませんでした。

自信をゼロに戻さない「自信ノート」で記録を付ける

自信をゼロに戻させないための作戦としてはじめたのが「自信ノート」。自信を頭の中でカウントするのではなく、ノートに書いて貯めていこうという作戦です。

毎日の当たり前の行動を認めていくことは大切ですし、自信の数も一気に貯めることができます。一方でルーティンになっている日常生活の行動は記憶に残りづらいため、振り返りやすいように記録を残していくことにしました。

自信ノートを付けるようになった娘は、時間があれば前のページを振り返って、「全部で〇個貯まった～！」と嬉しそうに話すようになりました。

さらに「今日は50以上貯めたいなぁ……何をやろうかな？」と行動力もUP！　たった20日で自信を1000個貯めることができ、娘の方から「もう自信がついたから、ノートはつけなくて大丈夫！」と言い、自信ノートを卒業することもできました。

ガラスのハートの娘が変わった！　娘の名言に感動

自信ノートをきっかけに、娘は自分から挑戦する子に変わりました。ジェットコースターに乗ったり、一人で習い事に行ったり、朝ご飯を自分で作ってみたり、発表会では最前列で演奏したり。

私にとって何より嬉しいのが、娘の口癖が変わったことです。「ちょっと不安だからやめとこうかな……」に代わって、「成功の元は挑戦だから！」が口癖になったのです！何かに挑戦することがなければ、今以上の成功は何も得られない。挑戦することそのものが、今よりも成長した自分に出会える最初の一歩だということを、娘は本質的につかみ取っています。

我が子に新しい価値基準を手渡せるママになろう！

ママはぜひ、自分が学んだこと、体験したこと、感じたことをたくさんお子さんに伝えてほしいです！

「自信」とは一体何か。私は〈発達科学コミュニケーション〉を学んで知っていたのに、娘に伝えようという発想は全くありませんでした。私が学んだことを活かして子どもに接しさえすれば、それでうまくいくはずだと思っていたのです。

ですがその結果、娘は「人よりも優れたことを成し遂げなければいけない」と思い込んで自信をなくしていきましたし、私はそんな娘が全く理解できず、イライラが募っていきました。親子の間で考え方が異なっていたことがそもそもの原因だったのです。

ですから、「ママはこう思うよ」「この前勉強したんだけどね」と子どもに伝えて、新しい価値基準を手渡していくことも、親として大切な関わり方だと感じています。コミュニケーションを円滑にして子どもと信頼関係を築けていれば、大好きなママの話を興味を持って聞いてくれるはずです！

自分の学びや思考を子どもの成長の糧にしていく。〈発達科学コミュニケーション〉のウェブサイトであるパステル総研編集長として、子どもを発達に導くヒントをたくさんのママに今日も明日も届け続けていきます！

＼ 自閉スペクトラム症で 言葉が話せず、 ／

こだわりも強くて、いつもイライラしていた小1女子

今川ホルン（発達科学コミュニケーションマスタートレーナー）

こんなお悩みが解決できます♪

◎自閉スペクトラム症で言葉がうまく話せない

◎知的障害があるから「できない」と親が諦めてしまう

◎人に迷惑をかけてはいけないとママが思い込んで孤立している

こんな変化がありました！

友達と
おしゃべりしたり、
「ママ大好き！」と
言えるように
なりました！

こんな子どもが
変わりました★

特性
ASD（自閉スペクトラム症）
＋知的障害

年齢 6歳（小1）

性別 女子

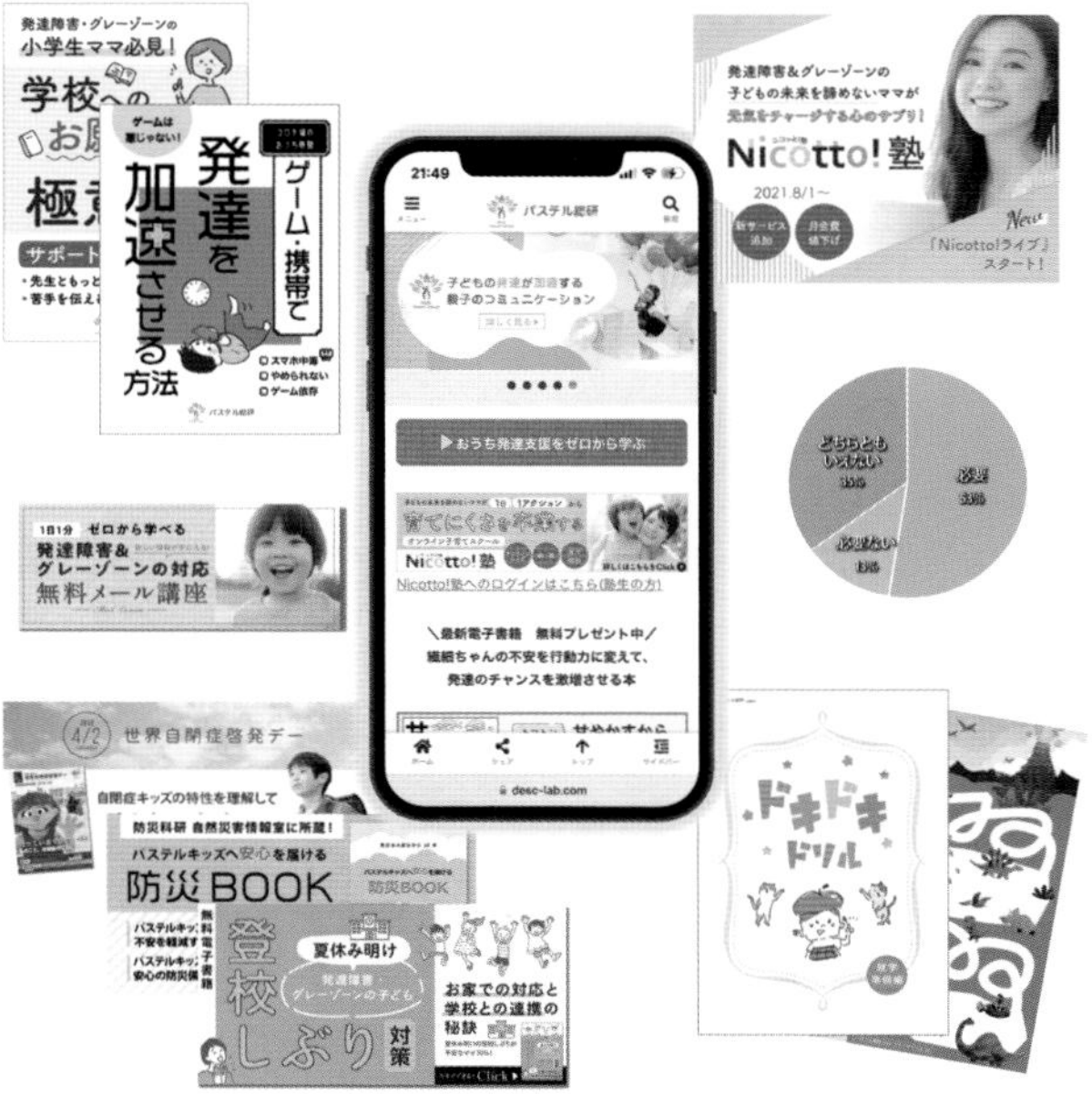
発達障害・グレーゾーンの
小学生ママ必見！
ゲーム・携帯で
発達を加速させる方法
□スマホ中毒
□やめられない
□ゲーム依存
パステル総研
発達障害&グレーゾーンの
子どもの未来を諦めないママが
元気をチャージする心のサプリ！
Nicotto!塾
2021.8/1～
「Nicotto!ライブ」
スタート！
1日1分　ゼロから学べる
発達障害&
グレーゾーンの対応
無料メール講座
子どもの発達が加速する
親子のコミュニケーション
▶おうち発達支援をゼロから学ぶ
Nicotto!塾へのログインはこちら(塾生の方)
＼最新電子書籍　無料プレゼント中／
繊細ちゃんの不安を行動力に変えて、
発達のチャンスを激増させる本
desc-lab.com
4/2　世界自閉症啓発デー
自閉症キッズの特性を理解して
防災科研 自然災害情報室に所蔵！
パステルキッズへ安心を届ける
防災BOOK
夏休み明け
登校しぶり対策
お家での対応と
学校との連携の
秘訣
ドキドキドリル

「お前が消えろ！」ノイローゼ家族の消せないあの日の記憶

私たち夫婦には、自閉スペクトラム症の娘に一生拭えない傷をつけた記憶があります。娘は小学1年生。2学期の晴れた日の朝でした。「うるさい！　お前なんか消えろ‼」。娘に向かって夫が怒鳴ったとき、娘の目は怒りに満ち溢れていました。「パパはドアを触っちゃいけない」と娘がこだわり、「うるさい！」と夫がいらだちバトルが勃発……。娘が夫を殴った瞬間に、夫が怒鳴り声をあげたのでした。こだわりが強く全く朝の支度が進まない娘に、すでにイライラしていた私は「お前が消えろ！」と夫に叫んで家を出たのです。

私は第三子を妊娠中でした。泣き叫ぶ娘をヤケクソで抱えて車に乗せて、ハンドルを握り、心で泣きました。家族の現在と未来を考えると、不安すぎて涙も出ませんでした。お腹の子も自閉スペクトラム症だったらどうしよう？　自閉スペクトラム症の子育てなんて、絶対に繰り返したくない！「ごめんなさい」を言うのはもう御免なんだよ！　膨らんだお腹の上で、スマホを開き登校班のLINEに「ごめんなさい、送っていきます」と連絡をしたときに、娘が赤ちゃんの頃の待ち受け写真が目に入りました。

6年前。待望の長女を出産。娘はとっても可愛かったのですが、本当にふにゃふにゃで3ヶ月健診でも首が座らず、お座りもハイハイも基準よりもどんどん遅れていきました。1歳半健診では、歩けない、単語が出ない……、母子手帳の発育項目への答えはすべて「いいえ」でした。言葉がどんどん遅れ、3歳で自閉スペクトラム症と診断されました。

なんとか発達させられないかと通園施設、個別療育、小集団療育、音楽療法、障害児のプール、知育玩具とありとあらゆるものに手を出しましたが、小学校に上がるときにもうまく話せない状態でした。言葉のしっぽしか出ないことがほとんどで、「おぶ（だいじょうぶ）」「ご（りんご）」のような発音がある程度でした。わかることは増えたのに、発話が追いつかず娘はいつもイライラしていました。

就学先は地域の小学校の支援学級に決まりました。情緒・自閉クラスの生徒はうちの子一人でした。校内で話せないのも、文字が書けないのも、うちの子だけです。プレッシャーを感じた私は、どんどん厳しくしつけていきました。登校班のお友達を待たせては迷惑をかけてしまう。娘を急かして怒鳴り、娘は毎朝癇癪（かんしゃく）を起こすようになりました。娘が遅れると、私が仕事に遅刻し、職場に迷惑をかけてしまう。我が子よりも他人の顔色ばかり伺っていたのです。家族全員がノイローゼ状態でした。そしてあの日、「お前が消えろ！」と家族で怒鳴り合う事件を起こしてしまったのです。

ステイホームによる社会からの孤立が親子関係を改善させた!

2020年2月に新型コロナウイルス感染予防対策により、小学校が一斉休校になりました。私は、その年の3月5日に第三子を出産し、赤ちゃんと自閉っ子の娘を含めた3人の子どもと24時間一緒にいる生活になりました。

すると、どうでしょう! 驚くほど私の心が穏やかになりました。「仕事に行かねばならない!」「学校に時間通りに連れて行かなければならない!」。この2つの「ねばならない!」から解放されたことで心の鎖が外れたのです。私に「早くして!」「人に迷惑をかけるな!」と言われなくなった娘は、笑顔が増えて、心なしかコミュニケーションが取れるようになってきているように見えました。もしかして自閉スペクトラム症の子は、おうちで伸びるのではないか? そう思い、おうち療育について調べはじめたのです。

実は私は児童発達支援事業所の臨床心理士でした。療育に通ってくる子どもたちが、友達トラブル、言葉が増えない、気持ちが言えずに癇癪……などの悩みを、年長の終わりになっても解決できずに小学校に上がっていくのを見送ることが悔しくて、不安そうなママたちを見るたびに葛藤していました。自宅の近くでおうち療育の施設をつくれないか、とおうち療育の先生になる方法を調べはじめたのでした。

運命の1冊と出会い、私は「声かけ」を最初に変えました

おうち療育についてリサーチしているうちに〈発達科学コミュニケーション〉創始者の吉野加容子さんの『発達障害とグレーゾーン　子どもの未来を変えるお母さんの教室』という本を見つけました。運命の〈発達科学コミュニケーション〉に出会った瞬間でした。娘は7歳でした。吉野さんとオンラインで話し、「これが私のやりたかった子育てと働き方だ！」と私は〈発達科学コミュニケーション〉の学びと働き方に即決で飛び込みました。

最初に娘を発達させるためにやったのは、とにかくできた行動に対して褒めていくことでした。普段だったら「早くして！」と言っていたことも、肯定していったのです。食卓に座ってもなかなか食べない娘にも「スプーン持っているね！」と見たままに声をかけました。朝から裸で遊ぶ娘に「早く着なさい！」ではなくて、「もう、洋服脱いだね！」と習った通りに言えたときは、自分に拍手です！　ゲーム感覚で肯定的な声かけをしました。動画をなかなかやめられないときは「見てるんだね！」とか「（キャラクターが）転んじゃったね！」と娘の動画に興味を持ってから、「やめよう！」と笑顔で声をかけるようにもしていきました。

とにかく、すでにできた行動に注目して褒める。褒めることを見つけられないときは興味・関心を示し笑顔で見たことをそのまま口にしていったのです。すると、どうでしょう！　娘は自分からご飯を食べたり、自分から洋服を着るようになったり、自分から動画をやめたり、癇癪もぐんと減っていったのです。さらに、私は嬉しくて褒める！　娘は自分から動く！　そんなサイクルができてきました。〈発達科学コミュニケーション〉の声かけをして、たった1ヶ月で起こった変化でした。

しかも、いい行動が増えると、私の気持ちが楽になっただけではなくて、娘の言葉が増えていったのです。１ヶ月くらい経った頃、「アルファード乗った！」としっかり聞き取れるくらいの音で話したときはびっくりしました。３ヶ月くらいすると「ドキドキした！」「ママ大好き！」など、気持ちの言葉が出るようになっていきました。「○○○君がインフルエンザで休んだ！」と学校のことを説明したときには、半信半疑で、先生と答え合わせをしてしまったほどです。

そして2年生の終わりには、友達に話しかけることもできるようになりました。「靴、買った？　ママ？」。交

流学級の子の靴が新しいことに気付き、自分から声をかけたのです。「うん！　ママに買ってもらったよ」と返事をもらい「かわいい！」と言っているのを見たときは、本当に感動しました。友達と会話する日が娘にも来たのです。

自閉っ子の言葉を諦めたくないママへ

私は、娘が3歳のときに自閉スペクトラム症の診断を受け、知的障害もあると言われたことで、感情にフタをしていました。障害があるからできなくて当たり前。成長を夢見ちゃいけないと、自分で決めつけていました。今思うと、私のこのスタンスを見抜いて娘はいつもいつも怒っていたのです。もっと私にだってできる！　そんな娘の心の叫びに私は聞く耳を持つことなく、「人に迷惑をかけてはいけない」という思い込みを娘に押し付けて、毎朝怒って娘を追い詰めてしまっていたのでした。

そんな私が、できることに注目するという「行動」に変えていくことで、娘がお友達と話せるまでに成長しました。行動を変えると、私の心が変わってきました。「できなくて当たり前」「知的障害だから無理」「できなくていいです」というスタンスが180度変わり、「もっとできることを増やしてあげたい！」「もっともっと一緒におしゃべりしたい！」「娘のやりたいということを経験させてあげたい！」と私の心が前向きに変わっていったのです。

過去の私のように「人に迷惑をかけてはいけない」という想いが強く、自閉スペクトラム症の子がうまく話せずに癇癪を起こす、行動が遅くて人に迷惑をかけることが許せない、と辛くなっているママはいませんか？　もしいらっしゃったら、「心」ではなくまず自分の「行動」を変えてほしい。実際に乗り越えてきた私だから、伝えることができるのです。**すでにできていることに注目して、笑顔で声をかける、**たったそれだけです。最初は無理をしながらでも大丈夫です。私もそうでした。ただ笑顔で「行動」を変えてみてください。お子さんのいい行動がいつの間にか増えて、言葉が増えていく、そこから自分の心が楽になっていく。そんな未来を手にしてほしいのです。

私はその後、臨床心理士では叶えられなかったことをするために、発達科学コミュニケーションマスタートレーナーになり「ママたちをおうち療育のプロにする」活動をしています。人生を変えるために、自閉っ子の言葉を伸ばすには「行動」を変えること。私は娘からそんな大事なことを学びました。さあ、今日どんな行動をしますか？　我が子のどんな「できた！」を探しますか？　我が子の言葉を諦めたくない！　その想いを行動に変えてくださいね。

＼ 毎日親子ゲンカを
繰り返し、 ／

勉強についていけなかった小3男子

菅野美香（発達科学コミュニケーショントレーナー）

こんなお悩みが解決できます♪

◎子どもが小学校の勉強についていけず困っている
◎勉強をやりたがらない子どもに勉強をやらせることに疲れている
◎子どもに合わせた勉強のサポート方法がわからない

こんな変化がありました！

テストで100点が取れるようになりました！

こんな子どもが変わりました★

特性 ADHD（注意欠如・多動症）グレーゾーン＋境界知能

年齢 9歳（小3）

性別 男子

「もうやりたくない！」と嫌がる息子に無理やり勉強をやらせる日々

私には現在小学４年生になる息子がいます。息子はＡＤＨＤの傾向があり、６歳のときの知能検査ではＩＱが73の境界知能でした。年長のときに受けた就学相談では、言葉でのやりとりがスムーズなことから、通常学級を勧められ、息子の希望もあり、小学校では通常学級に通うことになりました。

いざ、小学校での学習が始まると、息子はひらがなを書くことに苦戦、漢字を真似して書くことも覚えることも難しい。音読していてもたどたどしく、どこを読んでいるかわからなくなる、文章の理解も難しく、テストでは０点を取ることもありました。

そして、２年生に進級する前に担任の先生から、息子が１年生で習った漢字をほとんど覚えられていないこと、漢字ドリルの２冊目をクラスで配布した際にみんなが喜ぶ中、息子だけが悲しそうな顔をしていたことを聞き、私は胸が締め付けられる思いでした。

息子はみんなと同じように漢字を覚えられず、これ以上新しい漢字の勉強をしたくないと思っていたのです。１年生で勉強についていけないなんて、これから先この子はどうなるんだろう。２年生以降、さらについていけなくなり、そのうち学校に通うことも辛くなってしまうかもしれない。そんな不安で頭がいっぱいでした。

そしてその日を境に「息子が勉強についていけるように、私がしっかりとサポートをしないと！」と決意し、私は教育ママに変身しました。

まず、息子が朝起きてくると机の前に座らせ、勉強をやらせるようになりました。最初は素直に勉強していた息子も、私が隣にピッタリとくっつき、席を離れないようにじーっと監視し続け、間違えている問題をことごとく訂正し続けることで、だんだんと反発するようになりました。

声をかけてもなかなか机の前に来ない。しつこく声をかけて、なんとか机の前に座らせても、問題集を見ずに他のことばかり考えている。そして、間違えた問題を何度説明しても全然理解してくれませんでした。

私はいらだちが止まらなくなり「さっきも言ったよね。昨日もおとといもやったよ。何回言ったらわかるの？」と、ひどい言葉を投げかけてしまうこともありました。

息子もそんな私に怒りを爆発させて「勉強やだー！　もうやりたくない！」と泣きながら鉛筆を投げたり、プリントをくしゃくしゃにしていました。私は、誰のためにこんなに必死にやってると思っているの!?　と怒りが込みあげ、つい「通常級でやっていくためには、みんな以上に勉強しなきゃいけないの！」ときつい言葉を投げかけてしまいました。

あとから考えれば、息子だって好きで勉強ができないわけじゃない。境界知能で、みんなと比べると、見るチカラも覚えるチカラも弱いということもわかっている。できないこと、わからないことが多い中、学校でも授業を精一杯受けて頑張っている。それなのに、家でも私は口をひらけば、勉強、勉強、勉強……。

息子が一番辛い思いをしているはずなのに……。どうしてこんなにひどい言葉をかけてしまうんだろう、どうしてうまく関わることができないんだろう、本当はもっと息子と笑っていたいのに。自分は母親失格だなと、すやすや眠っている息子の寝顔を見ながら、すっかり母親としての自信を失っていました。

苦手を直すのではなく、得意を伸ばすという新常識に出会う

私はそんな辛い毎日から抜け出したくて、夜な夜なインターネット検索をしていました。そして、ママの声かけで脳を伸ばすことができる〈発達科学コミュニケーション〉に出会いました。

個別相談のときに、**「子どもを発達させるためには、苦手を直すのではなく得意を伸**

ばしていきましょう」と教えてもらい、私は驚きました。

「できないところをできるようにさせるのではないの？　できるところをもっと伸ばせばいいの？　それなら私もできそう！」と感じました。息子と自分の未来に一筋の光が見えました。

たくさん褒めて好きなことを体験しただけで、テスト で１００点が取れるようになった

私は〈発達科学コミュニケーション〉を学び、これまで息子のできていないことにばかり注目していたことに気付きました。**子どもは肯定してもらい、「できた！」という成功体験を重ねていくことで自信を育む**こと、そして脳は行動するほど発達するため、好きなことを体験してもらうことが脳の発達の近道とわかり、今までの息子との関わり方を１８０度、変えました。実践したのは４つです。

1．できているところに注目して、肯定する

まずは、息子が宿題や勉強をしているときに、間違っているところを指摘するのでは

なく、できているところにだけ注目しながら肯定するようにしました。具体的には「宿題、はじめられたね」「〇〇という漢字書けたね」「この字、丁寧だね」「自分で計算できたね」など、できているところを言葉にして伝えました。また、笑顔でグッジョブサインのジェスチャーをするなど、目で見てわかるように肯定しました。私がポジティブな声かけやサインをすることで、それまで間違いを指摘されて怒っていた息子も、最後まで勉強を続けられるようになりました。

2．やりたくなるように、ご褒美を使用する

宿題や勉強をこちらからやらせるのではなくて、自分からやりたくなる工夫をしました。具体的には、勉強をしたらポイントがもらえ、それが貯まると息子の希望が叶う、というチャレンジ企画を準備しました。また、宿題をはじめたら息子の好きな10円ガムを食べられるように準備することで、自分から宿題や勉強をやるようになりました。

3．好きなことを体験したり、学べる環境づくり

息子は生き物が大好きなので、生き物を捕まえに海や川に行ったり、大好きな生き物

がいるイベントや大型のペットショップに行ったり、生き物を自宅で飼育したりすることで、息子が〝好き〟と触れられる機会をたくさんつくりました。さらに、好きなことに関する本を用意して、いつでも読める環境づくりをしました。息子は自分の好きなことなので、やりたい！　知りたい！　という気持ちも強く、どんどん行動するようになりました。そして、しだいに自ら本で調べて、それを実践したり私に教えてくれたりするようになりました。

4．得意を活かした勉強のサポートを行う

息子は目で見ることより耳から聞くことが得意なので、漢字を覚えやすくするために、漢字の成り立ちを細かく分解して、その部分を語呂合わせにしながら、耳から聞いて覚えられるようサポートをしました。例えば〈遠〉という漢字は「土・ロ・イ・く・しんにょう」です。１つずつは簡単な文字なので、息子も理解しやすく、リズムよく漢字を書けるようになりました。

以上の関わり方を続けた結果、息子は「生き物博士」と言われるくらい、生き物について詳しくなり、生き物が病気になっても、病名や治療法を自分で調べるなど、自ら学

ぶようになりました。そして小1のときに漢字が書けずに0点を取っていた息子が、小3の後半からは、漢字や国語のテストで100点が取れるようになりました。現在は毎日、元気に楽しく小学校に通っています。

勉強が苦手な子も、好きや得意を活かせば、驚くほど成長できます

勉強が苦手な子どもは、周りのお友達が当たり前にできていることができずに、辛い思いをしていたり、自信を失っていることがあります。そんな子どもが自信をつけるためには、好きなことをして、たくさんの「できた！」を経験することです。

お母さんが、子どもの好きなことを応援し、一緒に楽しむことで、子どもはどんどん行動し、いろんなことに挑戦できるようになります。好きなことだったら、自分からでも学びたくなるのです。好きなことをしているうちに、勉強の土台となる、見るチカラや覚えるチカラ、考えるチカラも育まれていきます。そうすることで、学校の勉強も理

解しやすくなります。好きなことをとことんやることは、一見、遠回りのように見えて、学ぶようになる一番の近道です。

小1のときに、漢字ドリルを配られて悲しそうな顔をしていた息子は、現在では「生き物の素晴らしさを世の中に伝えたい」という夢を持ち、その夢を叶えるためにユーチューブ配信をしています。

もし、勉強が苦手な子どもの子育てでお困りのお母さんがいらっしゃるなら、1つだけお伝えしたいことがあります。教科書だけが勉強じゃない。机の前だけが勉強の場所じゃない。**無限の可能性を秘めている子どもの最大限のチカラを引き出すことができるのは、身近にいるお母さんの温かい声かけとお子さんの好きや得意を活かす関わり方です。**お子さんの輝く未来に向かってサポートしていきたいですね。

＼言葉のキャッチボールが苦手で、／

ユーチューブのゲーム実況にハマる小3男子

嘉山葉子（発達科学コミュニケーションリサーチャー）

こんなお悩みが解決できます♪

◎言葉の発達がゆっくりな子どもに会話力をつけたい
◎ユーチューブを観ている子どもにイライラしてしまう
◎子どもの視野を広げたい

こんな変化がありました！

親子の会話が増え、言葉のキャッチボールが増えました！

こんな子どもが変わりました★

特性 ASD（自閉スペクトラム症）グレーゾーン＋境界知能

年齢 9歳（小3）

性別 男子

言葉の苦手さを助けようとしたことで、かえって息子が会話嫌いに

私には境界知能と診断がついている小学校3年生の息子がいます。〈発達科学コミュニケーション〉をはじめて、子どものできていることに注目し、どんな小さなことでも褒める声かけをしていくと、泣き叫ぶほどひどかった癇癪が減り、家の中の雰囲気も落ち着いてきました。

息子は境界知能なため、全体的に発達がゆっくりで集団指示が苦手だったり、行動の習得に時間がかかったりと、いろいろな苦手を抱えています。一番の困りごとは、言葉でうまく自分の気持ちを伝えられないこと、周囲との会話のコミュニケーションがなかなかできないことでした。

当時の息子は、自分の好きな分野で覚えたことはペラペラと一方的にしゃべるものの、私や周囲の人が声をかけたり質問をしても「わかんない」「うん」「やだ」などと、ほぼ一言で答えるだけで、会話になっていませんでした。親の私が耳を傾けることで、やっと内容が理解できる程度でした。

「短い言葉でわかりやすく話をするといいですよ」

「選択肢を出して選ばせるのもいいですよ」

などの言語聴覚士のアドバイスを聞いては、家での会話を実践する日々。私は息子の語彙を増やそうといろいろ話しかけたり、試すような質問をして答えを聞き出したり、間違った言葉や言い回しを言い直させるなど、子どもに言葉を使わせよう、正しい言葉を覚えさせようと必死でした。

そんな私の問いかけに、しだいに息子は「わかんない」と答えることが多くなりました。そしてある日、いつものように問いかけると、

「ママ、そういうのいいから。聞くのいいから」

と、衝撃の一言を聞かされることになったのです。一瞬なんのことだかわかりませんでした。そして心の中で、なんでそんなこと言うの？　君のためにやっていることなのに……。と泣きたい気持ちになったのを覚えています。

それからは息子に話しかけても相手にされないことが増え「わかんない」という返事が返ってくるようになり、とうとう私が話しかけようとすると、嫌がるようになってしまいました。

2つの意識が変わったことで新しい道がひらけました

それまでの私は、言語聴覚士のアドバイスを聞き、そのまま実践するだけで、〈発達科学コミュニケーション〉での学びを息子の言葉の発達に結びつけることができずにいました。しかし、それは私自身が〝言葉〟ばかりに気を取られて、子どもの脳の発達に効果的なアプローチができていなかったからです。

1. 正解を具体的に教えてあげないとわからない

会話は、言葉を発するだけではなく、言葉のキャッチボールができないと意味がありません。しかし、私がやっていたことは、会話やコミュニケーションを助けることではなく、言葉を覚えさせるためだけの声かけだったと気付きました。

吉野さんの講義の中で**「発達障害やグレーゾーンの子どもに、『自分で考えなさい』は通用しない。正解を具体的に教えてあげないとわからない」**という言葉を聞いたときに初めて、息子は会話の仕方や言葉の使い方を知らないのだと気付くことができました。

そこで、私は子どもに言葉を覚えさせようとするよりも、まずは大人が会話をしている姿や、言葉を使っているところを見せたり聞かせたりすることが、今の息子には必要だと考えたのです。

2. 得意を伸ばすことで苦手な部分の発達を引き上げる

「好き（得意）を伸ばすことで、苦手な部分も発達が引き上げられる。苦手を克服させるより得意を伸ばすほうが効率的だ」というお話は、吉野さんの講義の中で何度も聞いていました。息子との関係に行き詰まりを感じていた私は、どうせなら楽しいことをとことんやってみようと、そのときに意識が変わったのです。

じゃあ、息子の好きってなんだろう、得意ってなんだろう、と考えました。絵本、生き物、昆虫、ゲーム、工作……？　そう言えば、最近よく観ているのはユーチューブのゲーム実況動画。当時の私はユーチューブにあまりよい印象がなく、できれば長い時間観てほしくない、と思っているぐらいでした。しかし、好きを伸ばすという考えからユーチューブを選びました。

言葉のこだわりを捨てたら、親子の会話が増え、ユーチューブ先生のおかげで会話力が格段に上がった！

間違いを指摘するのでなく、大人が会話をしてみせることで、子どもの会話力が伸びました。

私との会話が嫌になっている息子に、「話すことが楽しい！」と感じてもらえるように、息子と1対1でゆっくり話をしたり、夫婦や家族で話す時間を増やしました。言葉の間違いの指摘や正しい言葉で言い直しをさせることもやめ、会話を楽しむことを最優先しました。

子どもが会話の中で言葉を間違えたりしても「〇〇なんだね～」などと相槌を利用して、正しい言葉をさりげなく使ってみせるようにしました。また、子どもが使いはじめた新しい言葉に気付いたときは、その言葉を意識的に使うように心がけました。すると、否定の言葉をかけないことで、子どもが少しずつ私の声に耳を傾け、返事をしてくれるようになりました。

好きを応援する、一緒に楽しむ

息子が好きなのはユーチューブのゲーム実況動画。それを応援するために、私がまず実践したのは視聴時間の制限をなくし、好きなだけユーチューブを観ることができるようにすることでした。そして可能な限り一緒に観るように心がけ、**動画の内容に興味や関心を寄せることを意識して声をかけるようにしました。**子どもは自分の好きなユーチューブを観ているので、情報のインプットはバッチリです。息子の伝えたいという思いが、苦手な言葉のアウトプットを後押ししてくれました。

例えばこんな感じです。

ママ「ユーチューブ観ているんだね。今日は何観ているの？
「どんな動画？　〇〇さんのチャンネル？」

息子「これは〇〇さんの△△ってゲームの動画」

ママ「へーちょっと面白そうだね」

「このキャラは顔が怖いね」

息子「このキャラは攻撃力が高いんだよ」

「得意技は○○って言うんだよ」

などと、少しずつ答えてくれるようになり、話す内容もどんどん増えていきました。

ユーチューブの思いがけない効果

息子の好きを応援するために観はじめたユーチューブでしたが、言葉の発達にも効果がありました。ユーチューブが会話の先生になってくれていたのです。

ユーチューブでは多くの視聴者を獲得するために、視聴者の心をつかむ言葉で簡潔に内容を伝える必要性があります。時に、ユーチューブの話し方は相手にわかりやすく伝える会話のお手本にもなるのです。以前は、前置きがなく唐突に話しはじめていた息子がユーチューブを真似て接続詞を使って話し、間を取るようになり、驚くほど会話がスムーズになりました。身近な大人が使わないような言葉も覚えることができるので、知らないうちに語彙力が上がり、会話力も伸びていきました。

しだいに、ゲーム実況動画以外のユーチューブも観るようになった息子は、生き物や音楽など、毎日新たな情報を得ては自分から話してくれるようになりました。驚いたことに、学校の実習の予習をしたいと言って、自分で説明動画を探し使い方を勉強してから実習に臨みました。

また、さまざまなゲーム動画を見ていく中で、息子はホラーゲーム（プレーヤーにスリルを与えて楽しませるゲーム）が好きになり、日々ユーチューブで新しい情報を仕入れては教えてくれるようになりました。時にはゲームの中の好きなキャラクターの絵を描いたり、粘土で作ったりするようになりました。その中でもカナダ出身のホラーアーティストを大好きになり「カナダってどこにあるの？」「カナダに行きたい！」「僕もお話を作りたい！」「ホラーアーティストになりたい！」と夢を語るようになりました。

好きを応援するのは発達の近道！　ユーチューブは悪者じゃない

今では毎日、楽しく会話することができ、言葉の発達がゆっくりな息子の対応に困り果てていたことが嘘のようです。親子揃ってラクに楽しく会話力の壁を乗り越えることができたのは、ユーチューブのおかげです。ユーチューブはその中毒性や内容によっては子どもにふさわしくないこともあって、悪者になりがちですが、活用しだいでは親子の会話の糸口になったり、子どもに想像以上の広い世界を教えてくれるよい先生にもなり得ることを発見できました。

「苦手」を意識し克服させるより「好き」を伸ばすほうが、子どももママも何倍も楽しんで成長できますよ！　子どもの成長のプロセスは1つじゃありません。これからも広い視野を持って、息子を成長させるためにはどうするか、と自分で我が子の才能を伸ばすことを考えていきたいと思います。

私は息子の発達がゆっくりなことに気付くのが遅れ、対応が遅れてしまったことに後悔し悩んでいましたが、**「脳はいくつになっても成長する」**という言葉に励まされ、ここまでやってきました。実際、ゆっくりではありますが、息子は着実に成長しています。**子どもの成長に遅すぎるということはありません。お母さんが我が子に合った対応を考えていくことで、お子さんも成長していきます。**

サッカーの習い事で
勝ち負けにこだわり、

癇癪（かんしゃく）を起こしていた小1男子

高井智代（発達科学コミュニケーショントレーナー）

こんなお悩みが解決できます♪

◎勝ち負けに異常にこだわる
◎負けると怒る、癇癪を起こす
◎友達トラブルで孤立している

こんな変化がありました！

負けて
悔しい気持ちを
コントロールできる
ようになりました！

こんな子どもが
変わりました★

特性 ADHD（注意欠如・多動症）
＋境界知能

年齢 7歳（小1）

性別 男子

楽しくはじめたサッカーの習い事

息子は幼稚園年長のときに、サッカーを習いはじめました。きっかけは、同じ幼稚園に通っていた大好きな女の子が、サッカーを習っていたからです。大好きな子がやっているから、やりたいと言っているだけだろうと思っていたのですが、どうしても習いたいと何回も言われたため、習わせることになりました。

当時の息子は、本当に楽しそうにサッカーをしていました。公園で遊ぶときもサッカーばかりしていました。私も、元々サッカー観戦が好きだったので、練習や試合を見に行くのが楽しみでした。

楽しかったサッカーが一転、苦痛の時間に

しかし、小学校1年生の冬、息子が変わりはじめたのです。サッカーの練習中に自分が負けたり、思い通りにならなかったりしたとき、泣いて怒り出すようになりました。そして、ひどいときは、それを注意したお友達を叩いたり、コーチに暴言を吐くこともありました。

息子の態度は、徐々にエスカレートしていき、練習のたびに暴言・暴力が出てくるようになりました。練習後、いつもコーチと話をしていましたが、息子は興奮している様子で、私の話も、コーチの話も耳に入らないようでした。

主人とも話し合い、主人が練習を見に行ったりもしましたが、結果は同じでした。コーチにも主人にも怒られ、泣きながら帰ってくることが増えました。

みんなに叱られることが増え、自分に自信がなくなった息子。当然、プレーもうまくいかず、イライラが募り、暴れる。そして、怒られる。怒られるから、またイライラし、プレーがうまくいかない。また、暴れる……という、負のスパイラルでした。

何度もサッカーをやめさせようと考えた辛い日々

それからは、サッカーの日が憂鬱になりました。また泣き出し、暴れ出したらどうしよう。今日は何事もなく終わればいいな。そんなことばかり考えていました。あんなに楽しくやっていたサッカーが、辛いものになっていました。

周りのお友達や、コーチにも迷惑をかけてしまっている。そして何よりも、自分の息子が問題児として扱われているのが、本当に辛かった。逃げ出してしまいたかった。誰にも相談できないし、まして解決方法なんてあるわけないと思っていました。

しばらくは、サッカーの習い事に行き、怒られて帰ってくるという地獄の日々が続きました。私も辛かったけれど、怒られ続けた息子はもっと辛かったと思います。きっと周りからは、母親の教育が悪い、しつけがなってないから息子が暴れるのだ、と思われているに違いありません。そう思うと、辛くて、悲しくて、孤独でした。


もう、やめるしかないのかな？　やめたら、楽になるのかな？　そんなことばかり考えていました。でも息子は、やめるとは一言も言いませんでした。主人が「今度、暴れたらやめさせる」ときつく言っても、「嫌だ。やめたくない」とそれだけは、はっきり答えていました。

どんなに怒られても、問題児扱いされても、サッカーを続けたいという息子。そんな息子に母として、できることは何か。それは、息子が以前のように楽しく、大好きなサッカーをできるようにしてあげることだけ。辛くても絶対に諦めないと決めました。

私が息子との生活で感じていたことは、怒ることは逆効果なのではないか、ということです。ただ、私が優しく対応すると主人から「そんなんだから直らない。お前の対応が悪い」と否定されました。どうすればいいのか？　毎日毎日、対応を考え答えを探す日々が続きました。

〈発達科学コミュニケーション〉との出会い

この頃、息子はまだ発達障害の診断はついていませんでした。幼稚園生活、学校生活とも、特に問題なく過ごしていたため、発達障害とは考えていませんでした。でも、色々と調べていくうちに「あれ、うちの子、発達障害かも」と思うようになりました。

そこで出会ったのが、吉野加容子さんが書いた本。『発達障害グレーゾーンの「子どもの脳」にちゃんと伝わるほめ方・叱り方』でした。本の中の**「〝叱る〟のが逆効果になることもあります」**という一文が、私と息子のその後を変えました。吉野さんの本を読んだとき、息子の行動、困りごとが、ピッタリ当てはまり「これだ！」と思いました。

私が感じていた、「叱ることは逆効果」は間違っていなかった。私が感じていたことは、合っていたんだ。吉野さんの本のおかげで、私は、自信を持って褒める子育てができるようになりました。

褒める・肯定する、この2つだけで息子に変化が!!

その後は、とにかく褒めまくりました！　悪い行動はスルーすることを徹底し、褒めのシャワーで息子に自信をつけていきました。

そして、今までは息子のよいところではなく、悪いところにばかりに目を向けていた自分にも気付きました。**毎日、とにかくよいところを探して笑顔で褒める！**　を続けていき、肯定的な言葉で会話をするようにしました。

すると、１ヶ月も経たないうちに、息子は落ち着いてきました。落ち着いてくると、私の話もよく聞いてくれるようになりました。サッカーで負けて悔しいときは、自分の中で、悔しい気持ちをコントロールできるようになり、人に当たることがなくなりました。

変化した息子はコーチにも褒められるようになり、さらに自信がつき、ますますサッカーへのやる気が高まっていきました。息子は、褒められると嬉しくて、やる気も出て頑張れるから、ますます成長する。褒めの威力は絶大でした。

息子のことが理解できるようになり、見たかった息子の姿が見られた

その後、私は、自分も成長したいと思い、〈発達科学コミュニケーション〉を本格的に学びはじめました。学び進めていくうちに、息子への声かけもどんどん上達しました。以前は、息子が何を考えているか、全くわからないこともあったのですが、今では、どんな声かけをすれば息子がやる気を出すのか、頑張れるのかがわかってきました。

例えば、サッカー前に「ちょっと難しいかもしれないけど、キャプテンとして、みんなが喜ぶ声かけができたらすごいよね。Ｎｏ．１キャプテンだよね」なんていうアドバイスをすることができるようになりました。すると息子は、責任感を持って、チームのみんなに優しい声かけをしたり、自分の限界より少し頑張れたりするのです。これは、息子のやる気を伸ばす、声かけテクニックです（念のため言っておくと、息子はキャプテンではありません）

特性による不器用さもある息子ですが、足の速さを武器にして、チームの中で着実に成長し、信頼されるようになりました。昨年行われた、Ｊリーグのスタジアムで試合ができるスペシャルな大会では、途中出場させてもらいゴールを決めることができました。

そのときの息子の嬉しそうな笑顔は忘れられません。息子の人生で、一番の成功体験になったことでしょう。

私が見たかったのは、怒っている息子でも、泣いている息子でもなく、笑顔の息子です。やっと見たかった息子の姿を見られた瞬間でした。

息子の夢・私の夢

吉野さんの本の巻末に**「『ドリームキラー』に惑わされないで!」**という一文が出てきます。周りの人の声や常識に惑わされてしまうと、夢を追うこと自体を諦めてしまうということです。

私は、息子の「サッカー選手になりたい」という夢を応援していきたいと思っています。「下手だから無理だよ」「なれるわけないじゃん」と周りに言われても、息子が大好きなサッカーを楽しく続けていける方法を探していきます。絶対にドリームキラーになんかなりません!

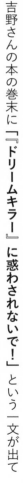

他の子と比べたりせず、自分の子どもの得意なこと、好きなことに目を向け、それを活かせるようなママになりたいです。息子が私の手を離れるときまでに、数えきれない成功体験を与えていけたらと思っています。

特性のある子の子育てをしていると、どうしても周りと比較してしまいます。周りと比較すると、どうしてみんなはできるのに自分の子はできないのだろう？　私の育て方が悪いのではないか、と思って孤独になることがあります。

それは、決して育て方が悪いのではありません。お子さんの特性から、できて当たり前と思われることができなかったり、悪気はないのに、世間から非常識と捉えられる行動をしてしまったりするのです。だから、ママは自分を責めないでほしいし、自信をなくさないでほしいのです。

子どもの特性を知り、適切なコミュニケーションを取ることによって、困りごとや心配ごとは減らすことができます。そして、得意を伸ばしていけるような声かけや日常生活を送れるようになったら、子どもの世界と可能性は無限大に広がっていくのです！

最後に、子どもの困りごとを誰にも相談できないママ。相談しても理解してもらえないママ。お友達トラブルが多いことから、孤立してしまったママ。心を痛めながら、孤独に耐えているママに、伝えたい。

「あなたは、一人じゃないよ」と。

「人生をやり直したい」
とつぶやいた

二次障害を抱える小2男子

松木なおこ（発達科学コミュニケーションリサーチャー）

こんなお悩みが解決できます♪

◎学校との連携がうまくいかない

◎癇癪（かんしゃく）を起こす子どもに「うるさい！」と怒鳴りつけてしまう

◎なにもかもうまくいかず、
どこから手を付けてよいのかわからない

こんな変化がありました！

癇癪を起こしても、
子ども自身で
セルフ解決できる
ようになりました！

こんな子どもが
変わりました★

特性
ASD（自閉スペクトラム症）
＋境界知能

年齢 8歳（小2）

性別 男子

「人生をやり直したい」小学2年生の息子が無表情でつぶやいた言葉

息子が年長のときに就学相談をして、小学校は支援学級へ進学しました。2年生へ進級し、新たに担任となったのは、超真面目な〝コウアルベキ主義〟の先生で、常にイライラを発信している方でした。機関銃で撃つように息子を叱り続け、迎えに行った私にも、息子の目の前で「どうしてできないんですか!」と激しく詰め寄り、ショックを受けた息子は腹痛で動けなくなりました。息子は無表情で「人生をやり直したい」と繰り返しつぶやくようになり、不登校となりました。

もともと、息子の学校生活には大きな不安がありました。入学前の3月から学校とコンタクトを取り、何度も学校見学に行ったところ〝ヤバイお母さん〟認定を受けてしまいました。数回にわたり、学校との話し合いの場を設けていただき、ひたすら「こういうことに困っていますので、こういうふうに対応してください」とお願いばかりしていました。学校側にとって、私は〝ヤバイお母さん〟。いろんな角度から意見を言っても、なだめられたり、すかされたり、学校との関係は悪化するばかり。ついに「お母さんのそういう言動が、子どもの二次障害を引き起こしている」と言われ、心がポッキリ折れてしまいました。

一時、不登校になった息子でしたが「学校へ行かねばならない」というこだわりが発動し、顔をこわばらせながら登校を再開しました。担任の先生に会いたくない気持ちをねじ伏せて登校を続けた結果、１年生のときにはほとんど起こしていなかった癇癪が、帰宅直後から朝方まで頻発するようになり、ついに、学校でも癇癪が起きるようになりました。癇癪を起こす息子に「うるさい！」と怒鳴りつける私。

「担任の先生と全く同じじゃないか。誰かに助けを求めても、現状は変わらない。負のスパイラルから逃れるには、〝ヤバイお母さん〟から脱却し、私が息子を助けるしかない。誰かに頼るお母さんにサヨナラし、私自身が変わろう」と決意しました。

私を変えた〈発達科学コミュニケーション〉との出会い

「解決策は必ずある。私が見つけられないだけ」と自分に言い聞かせ、解決の糸口を求め、インターネット検索を続けました。そんな中、たまたま〈発達科学コミュニケーション〉の記事にたどり着きました。情報がすべて腑に落ち、もっと話を聞いてみたくなり、即、個別相談に申し込みました。トレーナーは一方的に話し続ける私を、すべて肯定してくれて、助言を受けながら、心に小さな子育ての自信が生まれてくるのを感じました。

個別相談後、学校とうまくやるために私に何が足りないのか、息子の笑顔を取り戻すために、どうすればいいのかを見つけるため、〈発達科学コミュニケーション〉の記事を貪るように読み漁りました。そこで、気付いたことがありました。

「学校に支援を求め過ぎていた。学校の先生は教師であり教育のプロであって、支援のプロではない。まず、感謝の言葉を滝のように話そう。医師の言葉をそのまま伝えずに、小学生でもわかる言葉に翻訳して話してみよう。お願いではなく家庭でこうやったらうまくいった、という〝対応策〟を話そう」

私自身の考え方や行動も「〝ネバナラナイ〟という考え方を吹っ飛ばし、行動をひっくり返してみよう。学校や息子に対する私の態度を真逆にしよう」と決断しました。

個別相談の最後で、トレーナーに「同じ考えを持つ同志を増やし、世の中の仕組みを一気にひっくり返そうと企んでいるんです」という言葉をもらい、心を鷲づかみにされました！　息子の不登校への対応など、教育現場に強い怒りを感じていたからです。「今の教育の在り方は根本から間違っている。私はそれをひっくり返したい！　この人と手を繋ごう。それが解決策だ！」。胸を撃ち抜かれ、〈発達科学コミュニケーション〉の世界へ飛び込みました。

イライラする私を卒業したい

怒鳴ってしまう原因は何か？　イライラする時間帯やきっかけを分析してみました。

・時間帯↓登校前に声を荒らげている
・きっかけ↓時間に追われ、イライラしている

ならば、私の思い込みである「決められた時間までに登校させたい」を「遅刻してもいい」に変換すればいいと気付きました。

「遅刻をしない」よりも「息子の心を守る」ことを優先する！

たったこれだけで、実践したその日から息子の癇癪は激減！　私の朝のイライラも消え去り、穏やかに過ごせるようになりました。

この気付きから、「ネガティブに考える癖をなくそう！」と心に決めました。怒鳴ってしまう原因を探り、そうならないために私はどうすればいいのかを考え、１つ１つ行動を変えていきました。

まず、できなかったことの原因追及をやめ、マルッとスルーすることにしました。できなかったことがあるということは、同じだけできたことがあるはず。スケジュール帳に〝できたこと〟を書き溜めていきました。

1ヶ月後、スケジュール帳に〝できた記録〟がたくさん積み上がり、見開きページを見ることで「やってやったぜ」という私の自己肯定感が急上昇。いつの間にかイライラは消え去り、ポジティブな考え方へと変わっていました。

激しい癇癪への対応＝母子の心に余裕をつくる

1．頻繁なスキンシップ

手を繋ぐことが好きな息子。それまでに増して手繋ぎを意識しました。登校時や、家の中でもトイレや浴室に行くときに手を繋ぎました。

2．2人だけの時間をつくる

入浴の時間に着目。それまで子ども2人と私の3人で入浴していましたが、子どもたちの入浴時間をずらし、1対1になるようにし、ゆったり話しやすい雰囲気づくりを心がけました。また、就寝前には、2人だけの世界を演出。入眠まで肩を密着させて過ごしました。この時間帯は息子にとってゴールデンタイムだったのか、最も会話が成立し、本音を吐露してくれました。

3. 子どもの「ひとり時間」の導入＝ポイントは、とっておきの場所とアイテム

疲れが溜まっている夕方は、少しのきっかけで癇癪が起きていました。長引かせずに気持ちを落ち着かせるため、子どもの「ひとり時間」を取り入れることにしました。

・息子が心地いい場所＝狭いところ（洋服タンスを壁から離し、隙間を作成）
・好きなアイテム＝クマのクッション

癇癪が起きたら

・「とっておきの場所があるよ」と息子を優しく導き、隙間に座らせる
・「クマちゃんがイライラを吸い取ってくれるよ」とクッションを渡す

そこに座らせると、数分で癇癪がおさまり、隙間から出てくるようになりました。やがて、癇癪が起きると、自らクッションをつかんで隙間へ入り、短時間で癇癪がおさまるようになりました。

どうにもならなかった早寝早起き問題がスルッと解決

息子の遅刻が続き困っていましたが、早起きは母である私も苦手でした。自分でも一生このままなんだろうなあと諦めていましたが、〈発達科学コミュニケーション〉で実

施された5時からの朝活動に思い切って参加することにしました。

毎朝4時半に起床。家族は寝ています。別室で作業していると、子どもたちも起きてそばにやってくるようになりました。私が子どもたちに声かけして起こさなくても、自分から早起きして、そばで大人しくブロックの組み立てやお絵描きをして過ごすようになりました。早起きするので自然と就寝時間も早まります。ずっと悩んできた早寝早起き問題がアッサリと解決。「子どもに母の背中を見せるってこういうことか!」と腑に落ちました。

学校との話し合いの場では、家庭でうまくいった対応をひたすら話す

学校との話し合いの場では、やってほしい対策をお願いすることをやめ、困りごとに対して、家庭でどのように対応したらうまくいったかをひたすら話すようにしました。

医師からの助言を話すときは、通院時に相談支援員さんに同席してもらい、共に取り組んでいきたい対策の説明を相談支援員さんにも援護射撃してもらいました。

3年生へ進級し、担任の先生も代わりました。親子で通学している強みを活かし、登下校のときに穏やかに先生と話をして、小さな情報も積極的に共有しました。とても細やかな気配りをされる先生で、注意深く息子を観察し、先んじて行動を促し、見守ってくださり、息子の様子が穏やかに変化していきました。一年が経つ頃には、二次障害もほとんど発生しなくなり、今では〝ナンバーワン癒しボーイ〟と呼ばれ、溢れ出すマイナスイオンを武器に、穏やかなクラス運営に貢献しています。

楽しくなくっちゃ子育てじゃない

息子の癇癪が激減し、私の心の中に大きな余裕が生まれました。

その場しのぎの応急処置の子育てじゃなく、もっと子育てを楽しみたい！　もっと私自身の心の豊かさを成長させ、子どもを導いていきたい！　子育てを楽しむには、自分の行動をどのように変えればいいいか、と考えるようになりました。「楽しくなくっちゃ子育てじゃない！」をテーマに掲げ、行動するようになっていきました。自分が楽しくなるために、どんな考え方をすればいいかを追及し、〝ネガティブとポジティブは表裏一体〟思考をひっくり返し、楽しく行動すれば、人生がおもしろくなることに気付きました。小学2年生の息子が「人生をやり直したい」とつぶやいた姿は、そのまんま私の姿だったのです。「子どもは親の鏡」という言葉が腑に落ちました。

うまくいかない原因は私の考え方にある。幸せになる方法を私の心は知っている。考え方を変えたことで少しずつ問題が解決していき、気付けば「上昇気流に乗った！」とハッキリ感じられるほど心が変化していました。**お母さんがネガティブ思考を吹っ飛ばし、楽しくポジティブに日々を過ごす姿を子どもに見せれば、子どもたちは自分の中にある豊かな力に気付いていきます。**子どもの問題解決の方法もタイミングも、子どもの中にあります。子どもの立ち直る力を信じ、これからも成長を支えていきたいです。

＼ こだわりが強く、 ／

学校がキライで家で大暴れしていた小2女子

森山はるこ（発達科学コミュニケーションリサーチャー）

こんなお悩みが解決できます♪

◎こだわりが強い

◎家庭での暴言・暴力がひどい

◎学校が嫌い

こんな変化がありました！

学校の準備をサッと終わらせ、毎日登校できるようになりました！

こんな子どもが変わりました★

特性
ASD（自閉スペクトラム症）

年齢 8歳（小2）

性別 女子

学校を潰す!? 朝から怒って大暴れ！

自閉スペクトラム症、知的障害なしの小学2年生の女の子。そう診断がついたのは、暴言・暴力がひどくなり生活自体が回らなくなってからでした。幼少期は泣き出したらなかなか泣き止まず、こだわりが強く、いつもお気に入りのワンピースを着ている女の子でした。初めての子どもで、少し育てにくさを感じていましたが、健診では問題なし、小児科では気にしすぎ、保育園や祖母の家ではいい子で問題ないと言われ、そのたびに変な安心感を得ていました。一見問題なく見えていた我が子。怒って手を出すこともなく、いつも私にお手紙やプレゼントをくれる優しい女の子でした。

そんな娘が、小学1年生の6月頃から家で反抗的な態度が増え、冬頃には母一人の手には負えないほどの暴言・暴力へ発展しました。「育て方が悪い！」「仕事が忙しいからじゃないか？」「こうしたら？」「ああしたら？」と周りに言われては、あれこれ試し右往左往しました。有名な病院を複数受診しましたが、検査の結果は問題なく、学校に行けているのであれば大丈夫と言われる始末でした。

そして2年生の冬休み、娘は遂に大爆発したのです。「学校を潰す！ 誰がつくったんや！」と叫んでは、手当たりしだいに物を投げ、テレビも壊れました。包丁を出そうとしたり、「殺す」と叫び飛びかかってきました。最後は「死ぬー！　殺してー！」と喚きました。私自身や下の子の身も守らなければいけない。でも何をするかわからない娘の身も心配で、娘からも離れられない状態でした。

対応がわからない私は、行き過ぎた暴言・暴力を批判し怒りました。学校へ行くのは当たり前、好きとか嫌いと言うこと自体、意味がわからないと。もちろん落ち着くどころか興奮はエスカレートするばかり。

今度はなんとか落ち着かせるために抱きしめようとしたり、諭そうとしたりしました。それでも抵抗し暴れる娘を主人が力づくで押さえつける。最後は疲れ果てて寝てしまう。そんな毎日が続き、とうとう学校に行けなくなりました。学校が嫌いということ自体、このとき初めて知ったのでした。

こんな状況になっても、なんとか学校には通わせようと母子登校もしました。しかし3年生の3学期、ついに不登校になり、お友達にも会えなくなりました。気に入らないと何時間も大暴れ、大事な写真もビリビリ、壁や天井が落書きだらけになりました。

またその頃から魚が好きで、今すぐ飼育をしたいという気持ちが我慢できなくなり、何時間も大暴れすることがありました。今思えば、こだわりがワンピースから魚に変化していたのだと思います。

病院をいくつも回り、あらゆる相談機関や施設の利用、フリースクールの体験など、できることはすべてやり尽くしました。だけど何も変わりませんでした。友達には相談できませんでした。お願いだから誰か答えを教えて、と心の中で叫んでいました。娘は服薬を断固拒否、診察すらも拒否。何をどうしていけばいいのか、毎日どうやって過ごせばいいのか途方に暮れました。

「学校には行ってほしいけど、合わないのであれば仕方がない。でも、暴言・暴力だけはなんとかしないといけない」そんな思いが強くある一方、解決策を見つけること自体、諦めかけていました。

後悔！　完全に間違っていた私の声かけ

本当にどん底でした。隙間時間にスマホで見るのは発達障害の情報ばかり。〈発達科学コミュニケーション〉の記事やメルマガもその一つでした。でも何度見ても、「絶対嘘！　そんなにすぐに変わるわけがない！　大金を払わされて詐欺に遭うかもしれない！」という思いのまま過ごしていました。ありとあらゆる手段を使ってきたけれど、解決しなかったからです。そんな中、ふと無料ならいいかなと思い、勢いで個別相談を受けました。そこで、今まで真逆の対応をしてきたことを知り、自分自身の対応を変えていこうと決めました。

初めての講義は衝撃の連続でした。私の声かけ、最悪だったんだ……。自己肯定感を下げる否定的な声かけが多かったこと、褒めているつもりが全然褒めていなかったこと、娘の好きなことを否定して、娘自身を否定していたことに気付かされました。

「褒める！　自己肯定感を上げる！　好きなことで伸ばす！」なんてよく聞く言葉。「そんなことはわかってる！」と思っていました。でも、意味や方法を何も理解していなかったのです。

例えば「洗濯物出してくれてありがとう！　毎日してね！」「お風呂入りなよ！」「ハンカチ持った？」「食べ過ぎじゃない？」といった声かけは、子どもにとっては、否定的に伝わるというのです。私の褒め方や声かけは完全に間違っていて、全然娘に伝わっていない。褒めるどころか否定となっている。よかれと思って付け足したその一言が余計で、嫌味になっていた。自分の心に余裕があるときに、都合よく大袈裟に褒めているだけ。褒めたいことだけを褒めていた。顔が笑っていない。

さらに、好きを伸ばすどころか、「生き物の飼育なんて、大人になって趣味でしてほしい。他にやるべきことがある！」「学校を休んでいるくせに、勉強もせず好きなことするなんて！」と本気で思っていました。そして苦手な運動を克服するために、体操を習わせていました。

すべては子どものためだと思っていました。立派だと言われる子を育てたかった、単なる私のエゴだったのかもしれません。

そして、当時年長だった娘に言われた一言がよみがえりました。

「ママは私が泣いてるときも、楽しいときも、笑っているときも、ずっと怒ってる」

泣き止まないことに怒り、楽しんでいるときも「遊んでないで、やること早くして！」といつもイライラしていた私。そのとき、すでに娘は教えてくれていたのです。「悲しいときも、楽しいときも、どんなときも私を認めて！　笑ってて！」と。必死のSOSにも気付かなかったなんて……。

私は講義を受けてやっと理解しました。褒め方、声のかけ方には方法があること。生き物が好き、好きなものがあるのは、素晴らしいこと。好きな分野の中で、成長させてあげるといい、ということの意味とその方法。苦手なことは助けてあげたらいいということ。楽しくないと子どもは発達しないということ。

「今からでも遅くない！　自分が変わるしかない！」

褒め方を変えて、ひたすら肯定する！　好きな分野で伸ばす！

そこで私が徹したこと、それは「褒め方、声かけを変え、ひたすら肯定する」ということでした。「褒めるぞ！」と意気込み、手当たりしだいに褒めました。しかし無反応か、逆に「うるさい！」と怒ってくる娘。そんな中、娘の好きな分野では、会話も弾み、褒め言葉も伝わりやすいことに気が付きました。

今まで嫌々付き合っていた生き物のお世話を楽しむと決め、一緒に捕まえに行ったり、調べたりしながら、どんどん会話を増やし、褒めたり肯定したりし続けました。片付け等、苦手なことは手助けをしました。すると、娘が喜ぶ心地よい褒め方、肯定の仕方もわかってきました。大袈裟な言葉で褒めるよりは笑顔で頷いたり、グッジョブサイン。何かに集中しているときは微笑み程度で見守る。いいタイミングでのボディタッチや抱っこ。生き物に興味関心を示す、などです。

すると娘の笑顔が増え、徐々に気持ちを語ってくれるようになりました。「生き物の授業ばっかりの学校だったら行きたい」と。そして生き物のサークルがある学校へ転校しました。でもそこは、授業やカリキュラムは何も変わらない隣町の普通の公立小学校。結局サークルしか行かないかもしれない。それでもよしとする覚悟を持ちつつ、本人が決めた転校をなんとか成功させたいという思いで、学校側に相談をしました。すると先生方は生き物好きの娘のことを褒めて温かく受け入れてくれました。娘は母以外の大人から肯定されることが格段に増えました。

好きなサークルがあるから、苦手な学校も頑張れました。認めてくれる先生や友達が増え、いつの間にか学校や友達が好きになりました。

こだわりを認め、肯定し続けた結果、こだわりは強みに変わりました。環境調整により、家族以外の人からも肯定されることが増えました。学校が嫌いで朝から大暴れだった娘が、自分で起きて準備をサッと終わらせ、4年生からは毎日登校できるようになりました。今では生き物の知識をどんどん深め、大好きな道を迷いなく進むようになりました。

グレーゾーンの子を救いたい！

「うちの子は、こんなにひどくないから大丈夫」と思っているママもいらっしゃるかもしれません。実は、娘の幼少期は、いわゆるグレーゾーンでした。グレーゾーンの子は、頑張ればできることが多い分、人一倍頑張って疲れていますが、親からも先生からも見過ごされることが多いのです。娘は完全に見過ごされていました。私の場合は、グレーゾーンであることを認めたくない気持ちも合わさり、頑張らせてしまい、対応も遅れました。幼少期から正しい対応をしていれば、こんなにひどい状態にはならなかったと確信しています。

私たち親子のように、絶望的な状況になってしまう親子が一人でも少なくなってほしい。ここまで子どもを追い詰める前に、早く気が付いてほしい。そして、褒め方、声かけを変えていっぱい肯定してほしい。そして笑顔で過ごす親子が増えてほしい、と心から願っています。

＼ 好奇心旺盛だけど、／

不注意、忘れ物、居残りで、登校を嫌がるようになった小5男子

石井花保里（発達科学コミュニケーションリサーチャー）

こんなお悩みが解決できます♪

◎怒られてばかりで「学校に行きたくない」と言うことが増えてきた

◎宿題など嫌なことや苦手なことに取り組めない

◎学校に相談しても、困りごとに対応してくれない

こんな変化がありました！

毎日言っていた「学校に行きたくない」がなくなりました！

こんな子どもが変わりました★

特性 ADHD（注意欠如・多動症）

年齢 10歳（小5）

性別 男子

怒られてばかりの学校生活で「学校に行きたくない！」がピークに！

「いつになったら落ち着くんだろう……」。2歳の息子が走り回る後ろ姿を追いかけながら、いつもそう思っていました。息子は小さな頃から好奇心旺盛で、とてもやんちゃな子どもでした。支援センターに連れて行くと、集団遊びには全く参加せず、園庭に出て走り回っている状態。先生や私は後ろから追いかけ回していました。

幼稚園では、じっと座っていられない。みんなと一緒に体操ができない。嫌な音を聞くと耳をふさいで脱走する。登園しぶりがあるなど、問題行動がたくさんありました。近所や家族からも「道に飛び出して危ない」「じっとしていられない」と問題児扱いされていました。

小学校に入学してからも、問題行動は続いていました。忘れ物が多い、整理整頓ができない、運動会などの集団行動が苦手、登校しぶり、などです。低学年のうちは担任の先生の理解があり、先生の声かけで整理整頓をしたり、できる範囲で運動会に参加したり、先生と相談しながら宿題を調整し、勉強にもついていけました。

ところが、小学校4年生になると様子が一変。担任の先生が特性を理解してくれず、息子との相性は最悪。例えば、不注意で忘れ物が多いことを、毎日注意される。机の上が物で溢れていると、自分で整理整頓ができるまで帰宅させてくれない。運動会のダンスの練習は、できるまで何度もさせられる。宿題ができていなかったら、居残りをして無理やりさせられる、など。息子はいつも怒られてばかりになりました。

ネガティブな記憶が残りやすい息子は「今日も先生に怒られた」「何をしても怒られる」「先生にいつも見張られている」と言っていました。頭ごなしに怒られるばかりの日々が続き、しだいに息子は「学校に行きたくない……」と言いはじめました。表情が乏しくなり、無気力になり、笑顔も消えてしまいました。

2学期になると、学校に行きたくない気持ちはますます募り、朝はなかなか起きられず、時間通りに登校できない日が増えました。授業は理解できないし、面白くない。集中力がなく「ちゃんと聞きなさい」と怒られる。勉強にもやる気が出ず、宿題はほとんどしなくなり、成績は下がる一方でした。

そして、2学期後半に発表会の練習がはじまると、状況は最悪になってしまいました。劇や歌など苦手なことをやらないといけない。うまくできずに怒られる。頑張ってやってみてもやっぱり怒られる……。「どうせできない」と息子は自信をなくし、しんどい思いで気持ちは限界になっていきました。

以前は「○○が嫌だ」「また怒られた」「学校に行きたくない」と伝えてくれていたの

に、私に何も話さなくなり、一人でストレスを溜め込んでいきました。ついにアトピーが出たり、吃音がひどくなったりと身体状況が悪化。あまりにも息子に合わない学校環境が続いたために、息子の心は崩壊し、二次障害を引き起こしたのです。

このままでは、小さい頃から活発だった息子らしさがなくなってしまう、どんどん息子の自信はなくなってしまう、と考えた私は、何度か担任の先生に相談しました。けれど先生の対応は変わらず、学校環境の変化はもう期待できないと痛感したのでした。

新しい方法との出会い「苦手はスルー、好奇心を刺激して得意を育てる！」

学校の対応が変わることを諦めた私は、以前から知っていた〈発達科学コミュニケーション〉を徹底的にやろうと決めました。それは、「お母さんが発達について学び、親子のコミュニケーションを使って子どもを発達させる」という、これまで聞いたことのないやり方でした。家で子どもの発達を加速させられるなら、もう学校に頼らなくてもいい。私がなんとかできる、と思ったのです。

〈発達科学コミュニケーション〉では、子どもを褒めて行動させて脳を育てます。まず私が家の中でしっかり褒めて、肯定的な声かけを繰り返しました。ここでの褒め方は実況中継です。「元気に起きたね」「ご飯食べてるね」と当たり前にできていることを、そのまま伝えます。すると2週間程でアトピーや吃音の身体症状が落ち着きました。

さらに**「得意を伸ばすことで苦手に向き合えるようになる」**ということを知り、目から鱗が落ちました。「学校に行かせる」「宿題をさせる」という苦手に対応しなくていいの!?「次はこれだ!」と思いました。ＡＤＨＤの息子は好奇心が旺盛で、あれもやりたいこれもやりたいタイプ。息子の好奇心を活かさない手はないと思い、「好奇心を活かして得意を育てていこう!」と決意しました。

やりたいことだけやった奇跡の2ヶ月で「学校に行きたくない!」が消滅

好奇心をくすぐり、得意を伸ばすために私が取り組んだことは次の3つです。

1．やりたいことを応援しよう

息子が「好きなこと」「やってみたいこと」をどんどんできる環境づくりをしました。好きなことに熱中することで、脳を発達させます。

・魚が好き：釣りに出かける。金魚を飼う。魚の図鑑を買う。水族館に行く

・自転車が好き：一緒にサイクリングに行く。イベントに参加。自転車屋に行く
・運動が好き：マラソンやトライアスロンの大会に出場する。一緒に練習をする

親がやめさせたり押し付けたりせず、子どもが興味を持った分野を認めて「好きなこと」「やりたいこと」をできる限り叶えてあげました。好きなことをたくさん体験できたことで、息子は元気を取り戻しました。

2．親子の会話を工夫しよう

好奇心をくすぐるために、親子の会話を工夫しました。お母さんとの会話で、好奇心のスイッチが入ります。

「どんな魚が釣れたの？」「この魚について教えて」「自転車はどうやったら早く走れるの？」「工夫してることは何？」と私が興味を示しながら、好きなことについて話せるように声をかけました。私との会話で好奇心は刺激され、図鑑で調べたり、自転車屋のおじさんに熱心に質問をしたり、ユーチューブでレースの研究もするようになりました。好きな遊びが、学びへと繋がりました。

「レースに出てみる？」「自転車のチームがあるみたい。行ってみない？」と次の行動に繋がる声かけもしました。レースや自転車チームに参加することで、興味の幅が広が

り、学校以外の仲間や大人との関わりで、世界が大きく広がるきっかけとなったのです。「シュウくん、すごーい」「集中してるね」「才能があるんだね」「天才～」と褒める声かけも行いました。褒められることで、息子は「やったらできるかも」と自信がつき、さまざまな挑戦をしていけるようになりました。

息子は、特に楽しかったロードバイクにのめり込み、レースで1位を取ることができました。好きなことが得意なことになった瞬間です。息子の嬉しそうな顔は一生忘れることはありません。そして、学校で表彰されたことで、息子は学校でも自信が持てるようになりました。

多くの経験を通して小さな成功体験を積み重ね、息子は自信を取り戻したのです。

3. お母さんが一緒に楽しもう

「お母さんもやってみる！」と息子と一緒に楽しんでやってみました。私が一緒にやることで、日常の会話が好きなこと中心になり、息子は安心して生活が送れるようになりました。また、私が同じ目線で関わっていることが嬉しかったようで、「もっとできるところを見せたい！　教えてあげたい！　お母さんよりうまくなりたい！」と好きなことをぐんぐん伸ばしていきました。

好きなことだけに取り組むこと2ヶ月、息子に大きな変化がありました！

学校に行きたくなくて朝起きられなかった息子が、自転車の練習をするために、毎朝5時に起きるようになりました。そして、きちんと時間通りに学校に行くようになり、あれだけ嫌がっていた宿題も自分からやるようになったのです！

そしてついに、「学校は嫌だし、宿題はしたくないけど、得意なことがあるから嫌なことも頑張れる！」と言ったのです！

私は「やった〜」と嬉しさで飛び上がりました。息子のやりたいことを叶え、好奇心をくすぐり、好きなことを一緒に楽しむことで、息子は元気と自信を取り戻し、ついに「学校に行きたくない！」と言うことがなくなったのです。

子どもの好きなことを信じて応援するお母さんの力は最強！

ある日突然我が子に「学校に行きたくない」と言われると、親としては心配でたまらないですよね。私もそうでした。そして「学校に行く」ことを前提に、対応してしまいがちです。けれど、嫌なことを無理にさせたり、苦手を克服させようとすると、逆効果でうまくいかないことが多いのです。

私は思い切って苦手はスルーして、得意を伸ばすことにフォーカスしました。不安はありましたが、息子は得意を伸ばし、苦手に向き合えるようになりました。

そんな息子に「あなたはあなたのままでいいんだよ。誰がなんと言おうと、お母さんはあなたの力を信じてるよ」と伝えています。周囲からどんなに叱られても、どんなに問題児扱いされても、子どもの持っている力を信じ応援することで、子どもの扉は開かれます。

子どもの「学校に行きたくない！」に悩んでいるお母さんはぜひ、子どもの好きを信じて全力で応援してあげてください。お母さんの応援は子どもの未来を輝かせる最強のパワーだと信じています。

＼ 自分勝手な要求を繰り返しては、 ／

登校しぶりで荒れていた小1女子

渋沢明希子（発達科学コミュニケーションリサーチャー）

こんなお悩みが解決できます♪

◎我が子を怒り続けている

◎子育て情報に振り回されている

◎自分と子どものことを認めてあげられない

こんな変化がありました！

自分勝手な娘が素直になり、自分で考えて動き出すようになりました！

こんな子どもが変わりました★

特性
ADHD（注意欠如・多動症）
+HSC（人一倍敏感な子）
グレーゾーン

年齢 6歳（小1）

性別 女子

今までの我慢が頂点に達し、娘を背負い投げしてしまう

これは、小さい頃から〝笑顔のママ〟になりたかった私のハジマリの物語です。娘が3歳の年少になった頃から、自分勝手な言動、素直に話を聞かない態度、やってほしいことをせずに、やってほしくないことをするという行動に、イライラする毎日を送っていました。集団生活の中で、なぜか目立ってしまう娘を見て「お願いだから静かにしてて」「目立つことはしないで」と思いながら毎日を過ごしていました。

そんな娘が小学1年生になった11月、衝撃的な事件が起きました。この日は、娘が友達の家に遊びに行き、帰る時間になったので、息子2人を連れて迎えに行きました。しかし、帰ろうとしません。「そろそろ帰ろう」と何度も優しく伝えましたが、まだ帰る気はないようです。しばらく待ってみても、全く帰る気配もありません。そのうちに一緒に迎えに来ていた末の息子が、お腹を空かせて泣き出しました。しだいに私のイライラが増し、最後はすごい顔で睨み「もういい加減、帰るよ！」と連れて帰ることになりました。

さすがに人前で怒鳴る勇気はなく、帰りの車の中でガミガミ怒ってしまいました。家に帰ってからも、そのイライラはおさまらず「もっと遊びたかったな」という娘の一言

で、ついに私の怒りが頂点に達しました。当時2歳になったばかりの息子が隣にいて、背中にはもうすぐ1歳になる息子を背負っていたのですが、気付いたときには衝動的に娘を背負い投げしていました。背負い投げされ、あまりにも突然の出来事に大泣きする娘を見ても、私の怒りはしばらくおさまりませんでした。

その出来事の後しばらくは、娘は素直に話を聞くことが多くなりました。けれど、明らかにこちらの顔色をうかがっていました。このことが、娘が大きくなった時に、どんなふうに悪い影響を与えてしまうのかは、自分にも経験があるのでよくわかっていました。それでも自分を止められませんでした。

子どもの寝顔を見ながら「なんであんなに怒ってしまったのか……」「どうしたら変われるのか……」と、夜な夜なインターネット検索をし、どうにかして変わろうと、もがく毎日でした。しかし解決策は見つからず、私は怒る子育てを繰り返していました。その結果、娘はますます自分勝手になっていきました。

大好きだった保育士をやめ、メルマガを読んで勉強しはじめる

その1ヶ月後の12月、私は小さい頃からの夢だった保育士をやめることを保育課に伝

えました。自分が子どもに対してすごく怒ってしまったり、怒りが止められなくなってしまったりすることがあり、自分でもおかしいと思いはじめたからです。娘が小学校に入学して荒れはじめていることもあり、「このままじゃダメだ！ 自分を変えなくちゃ！」と思うようになっていました。

このタイミングで私は、以前メルマガ登録をしていた〈発達科学コミュニケーション〉のことを思い出しました。年末に今まで届いたメルマガを読み、少しでも「学びたい！ 変わりたい！」と思いながら、夢中でメモ帳に書き写しました。読んでもすぐに内容を忘れてしまうので、後から見返した時すぐに役に立つようにと、必死で書きとめました。当時は夫に「また変なのはじめたね」「頑張りすぎだって。ストイックだよね〜」と言われていました。それでも私はどうしても自分を変えたかった。本当は怒らず、もっと子どもたちと笑顔で過ごしたい！ そんな思いでいっぱいだったのです。

しかし、このときはメモ帳に情報を書き写す、ということに必死になってしまい、実際の子育てには活かせませんでした。

登校しぶりで荒れた娘が素直に話を聞いてくれた！

次の年の4月に娘は小学2年生になりました。そして5月のゴールデンウィーク明けから登校しぶりがはじまったのです。実は、小1のときにも登校しぶりをしていたのですが、そのときとは明らかに様子が違いました。

・少し失敗しただけで、イライラして怒る
・少し注意しただけで「どうせ私が悪いんでしょ！」と叫ぶ
・弟2人を少し褒めただけで「どうせ私は何もできてない」と落ち込む
・夫が注意をすると「私なんていないほうがいいんでしょ！」と部屋から出て行く

素直に話を聞いてくれず、会話も成り立たず、今までとは明らかに様子が違い、すごく心配になりました。

そんなときに思い出したのが、年末にまとめた子育て情報のメモでした。素直に話が聞けない子への対応、暴言を吐いてしまう子への対応など、娘に当てはまるものを夢中で読み返して試しました。すると、娘は素直に話を聞いてくれたのです。

「これはすごい！」と思いました。そして「もっと自分の子育てを変えたい！」と、〈発達科学コミュニケーション〉創始者の吉野加容子さんのメルマガを読むことが増えていきました。

過去の自分のような子を救いたい！　という夢を思い出した日

しばらくは、吉野さんのメルマガを読んで、子育てを頑張っていましたが、ある日のメルマガで忘れかけていた想いがよみがえり、私は起業する決意をしました。そのときのメルマガは「資格を活かせていない人は起業するチャンスです！」というもの。この題名を見た瞬間に「私のことだ！」と思いました。

私には夢がありました。忙しい両親の代わりに小さい頃いつも笑顔で遊んでくれた、おじいちゃんみたいな先生になりたかったのです。過去の私のように、人との関わりに自信が持てず、傷つく女の子を増やしたくない！　そんな子の役に立ちたい、と強く思ったことを今でも覚えています。そこで〈発達科学コミュニケーション〉を学ぶことにしたのです。

初めての講座の日、娘が自分で動けるようになった！

初めての講座の日、私はテキストの最後のページで、涙をこらえることができませんでした。肯定的な声かけをロールプレイで考える場面、のび太の0点のテストの事例。私は幼少期の経験から、「自分は人と違うのでは？」と思うことが何度もあり、のび太が勇気を出して0点のテストをママに見せた気持ちがすごくよくわかりました。他の受講生たちの前で勇気を出して「〝教えてくれてありがとう〟です」とママの模範解答を言った瞬間、涙が止まらなくなりました。

私、今まで何をしていたんだろう。自分も傷ついた過去があるのに、娘のできないことばかり探して直そうと必死になって、娘の気持ちなんて考えていなかった。娘のために頑張ってきたつもりだったけれど、本当は自分が安心したかっただけ。自分にも子育てにも自信がなくて、「人とズレてないか？　おかしくないか？」と、いつも情報を探して自分を認めていなかった。

もういいんだよ。たくさん頑張っているんだよ。ずっと頑張ってきたんだよ。そう自分に言いたくなりました。そしてこの日、習った対応をすぐに試しました。その対応は、**できていないことを言わない。そして当たり前にできていることを言葉にして伝えてあ**

げる。たったこれだけです。

これを試すと、娘はすごく嬉しそうな顔で、今まで耳を傾けてくれなかった私の話も、すぐに聞いてくれました。何も指図を受けなくても、自分から「お風呂入ってくる」と、自分で考えて動きはじめました。自分勝手だった娘が素直になり、自分で考えて動き出したのです。

この瞬間、いかに今までの対応が娘によくなかったのかがわかりました。正直こんなにすぐ効果があるとは思いませんでした。「私の対応次第で娘はもっと変わるんだ!」と希望が持てた日でした。

ママたちに必要なのは「頑張る」じゃなく「頑張らない」なんだ

この原稿を書くときに、過去のスケジュール帳を振り返りました。そこには、どんなに大変なことが起きても、決して諦めず、毎日子どものために予定を入れて動いていた自分の姿がありました。その動きはときに方向性が間違っていたこともあったかもしれないけれど、それでも「家族で今より幸せになりたい!」そんな自分の願いが見えました。

私と同じように子育てに悩み、「自分のやり方は間違っているんじゃないか？」と、情報を探し、うまくいかず落ち込んでいるママに伝えたい。あなたは何も悪くない。どんなふうに子育てをしたらいいか、どうしたら子どもの脳は発達するか、どうしたら今より笑顔のママになれるのか、まだ知らないだけです。

だから、もし子育てがうまくいかないのなら、新しいやり方を試してほしい。ママがやり方を変えれば、子どもは必ず変わります！　今ママがそばにいられる時期に、親子で一緒に発達できる時期に、ぜひたくさんの思い出をつくりながら一緒に成長してほしいです。私も、まだまだ子どもと一緒に成長します。

第4章

発達のお悩み解決ストーリー

思春期編

Chapter.4

＼ 手強い思春期は
問題だらけ！ ／

通知表に1と2しかなかった不登校の中学生

清水畑亜希子（発達科学コミュニケーションマスタートレーナー）

こんなお悩みが解決できます♪

◎相談しても「様子を見ましょう」と言われるばかり
◎不登校になったときどう接すればいい？
◎勉強の遅れが心配！ ◎集団スキルを学べないのでは？
◎不登校の子の将来に不安しかない

こんな変化がありました！

苦手な勉強にも
向き合い、
大学生になりました！

こんな子どもが
変わりました★

特性
ADHD（注意欠如・多動症）
＋LD（学習障害）
＋ASD（自閉スペクトラム症）
グレーゾーン

年齢 13歳（中1） **性別** 男子

先生の話
きかない

家のお金を
もちだす

困りごとが一気に
増えました

遅刻
寝坊…

塾や習い事を
サボる

小5の終わり
スクール
カウンセラー
このまま
中学生になったら
困りますよ

発達検査を
受けましょう
今まで相談
してたのにっ
いまさら⁉

あちこちに
電話しても
検査を断られ
8ヶ月待った
結果は…
発達障害グレーゾーン

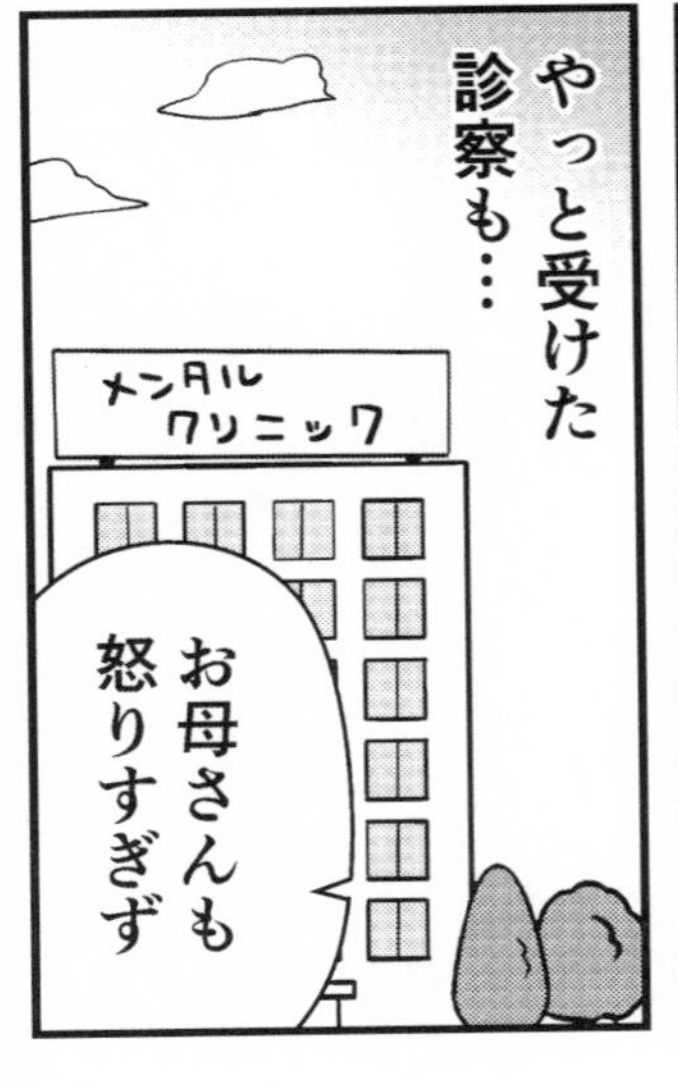
やっと受けた
診察も…
メンタル
クリニック
お母さんも
怒りすぎず

小学校は義務教育でサポートもあったけれど
宿題は？
ここだけはやろう!!
がんばれ!!
小学
中学
すべてが「評価」の対象となる中学生活
じ…っ

教科ごとに
異なる先生
宿題や課題も
把握することと
すら難しく
勉強も生活も
大苦戦の日々
理科
数学B
英語 ワーク
ワーク
古典

授業は上の空
宿題はせずに
忘れ物ばかり
朝家を出発しても
公園で遊んで
遅刻の毎日

やる気が
ない!
と認識され

通知表は
1と2ばかり！
1
2
1
もう少し
がんばれ
通知表

初めての
三者面談では
お母さん

このままだと
行ける高校は
ありませんよ
いきなりの
牽制球！
ケッ

なんとか
しなくては！
ぐっ

焦った私は
さらに厳しく
叱るように
これから塾に
行くからね
はぁ⁉

先生も言ってたでしょ
もっと勉強しなさい！
中1でこれでどうするの!?
部活も行事もサボらないで！

何勝手に
決めてんだよ！
勉強しない
あんたが
悪いんでしょ！

このままじゃ
お先真っ暗よ！

うるさいっ
バッ
BB
BB

ばっ
!!

やめなさいっ！
パーパーパーパ
息子の反抗期は
どんどん酷く
なりました…

答えのない子育てに転機をもたらした決断

「勉強をもっとしなさい！」「塾に行きなさい！」「忘れ物をするな！」「部活はサボらずに参加しなさい！」「勉強しないならゲームは禁止！」。とにかく厳しく叱って、なんとかしなければと必死の毎日でした。

10歳の妹は泣きながら、小さな体で必死に喧嘩の仲裁をしてくれました。このままでは、いつか誰かが壊れてしまう……そう感じた私は、1つの新たな決断をしました。

それが、私が息子の発達の専門家になること。おうちで発達を加速する方法、〈発達科学コミュニケーション〉を学ぶこと。病院、療育、相談センター、スクールカウンセラーなど、専門家に相談しても何も変わらなかった。そんな私がたどり着いた1つの答えでした。

私が、新しい子育ての方法を学ぶ決断をした頃、元気印がウリだった息子は、しだいに学校に行けなくなっていきました。中学2年の夏休み前に息子の不登校が本格化しました。そこからが、この〈発達科学コミュニケーション〉の本当のチカラを最大に発揮する転機になりました。

学校にいても、おうちにいても、子どもの脳を発達させることができる。不登校になっても、子どもの発達を加速してあげることができれば、子どもたちの人生を切りひらける！　それを証明したのが私たち親子でした。

不登校の遅れは心配なし！　教科書ゼロで叶う勉強習慣づくり、1対1のコミュニケーションから育つ集団スキル。

学校を休んでいる間も、家で発達を加速する関わり方をしてあげることで、息子は元気を取り戻し、学校へ戻っていきました。

ただ学校に戻るだけではありません！　不登校になる前、学校生活で注意ばかりされていた困りごとも落ち着き、授業も、係の仕事も、行事もしっかり参加するようになりました。通知表に1と2しかなかった子が、自分の進路を真剣に考えるようになり、1日4時間勉強をするようになり、自力で高校受験に合格するまでに成長しました！

そんな息子に実施した私の脳科学的なアプローチがこの3つです。

1．安心づくり

息子が、学校に行けない自分を責めないように、不安にならないように、カウンセリングの会話術でエネルギーを回復させるよう意識しました。

不登校の初期は、ただ寝て過ごす毎日でした。食事の時間は起きてくるけれど、あとはほとんど寝ているか、スマホを片手にボーッとしている。そんな無気力状態が続きました。

それでも私は、ご機嫌に過ごしました。寝ている息子の近くでパソコンを開いてパチパチ仕事をしたり、ご飯のときは明るく声をかけたり、テレビを観て大声で笑ったり、鼻歌を歌ったり。

「あなたが、学校に行っていようが、休んでいようが、お母さんはあなたの味方だよ」「ここがあなたの居場所だよ」と、安心感をつくることで、息子は元気を取り戻しました。

2．好奇心から学びのスイッチを入れる

元気を取り戻したら、脳を使う時間を増やすことに力を入れました。

運動が好きな息子と、卓球、ボーリング、ボルダリング、スポーツジムなど、たくさん出かけました。好きな映画もたくさん観ました。ゲームもしました。そして、楽しかったことや面白かったことを、親子でたくさん話しました。話すためには、自分で見

たこと体験したことを覚えて、整理して、伝えるなど、たくさん脳を使います。だから発達しやすいのです！

ゲームが好きな息子は、そのゲームが映画化されたものを見て、そのライトノベルを読むようになり、しだいに活字を楽しむようになりました。国語なんて大嫌いだった息子が、です。

別のゲームから、日本の戦艦に興味を持った息子は、しだいに歴史について調べはじめ、それをきっかけに社会の授業が「好きな科目」に変わりました。

たくさん遊ぶ、たくさん語る、それをきっかけに自分の好奇心を見つける。これが不登校になった息子の発達が加速した理由です。ただ「勉強をしなさい」と言っていたら、きっと勉強嫌いなままだったはず。教科書を読むのが苦手な子、書くことが苦手な子には、別の方法で学ばせてあげたらいいのです。

そうやって「好きな勉強なら楽しい」という経験をしてから、学校の勉強に取り組むステージに戻っていきました。

発達支援に大切な、成功体験をスモールステップで積ませていく声かけのチカラで、1日10分の勉強で精一杯だった息子は、しだいに30分、１時間と、取り組める時間が伸びていきました。

そして、得意な科目しか取り組まなかった息子が、しだいに苦手教科にも取り組むようになりました。背中を押したのは**「自分でもやったらできる」という成功体験を積ませてあげるサポートの声かけ**でした。

3．コミュニケーション力は家で育てる!?

発達グレーゾーンの息子のコミュニケーションは、「空気を読まない」「自分の要求や主張が強い」「伝えるのがうまくない」、こんなスタイルでした。

そんな息子が、今はどうなっているかというと、「空気を読む」「話しかけるタイミングを見極められる」「相手の話も聞ける」、そんなコミュニケーション力を手にしました。

なぜ、それができるようになったかというと、**1対1でのやりとりで「伝わった」「相手の言うことがわかった」という体験を積ませてあげた**からです。

息子は、相手の表情を読み取るのが苦手。だから、空気を読まずにタイミング悪く話しかけてしまうこともたくさんありました。ですが、それを叱ったり注意したりするのではなく、対話を通じて面白おかしく学ばせてあげる。これがカギでした。

こんなふうにして、学校を休んでいる間に発達を加速させる「おうち発達サポート」をしたことで、息子は自信を取り戻し、成長し、学校へ復帰していきました。

おうち時間で育った、聞くチカラ、見るチカラ、イライラを上手にコントロールするチカラ、思考するチカラなどが、息子の学校生活を大きく変えました。

発達が加速する環境選びと継続的な発達サポートが、息子を大学に導いた！

中学1年のときに「行ける高校はありません」と言われた息子は、この春から大学生になりました。自分のやりたいことを見つけて、苦手な勉強にも向き合うようになって、努力できるようになった息子を、私は誇りに思います。

我が家の進路選びには、どうしても譲れないテーマが1つだけありました。それは「発達が加速する環境選び」です。

学校は、偏差値や評判では選ばない。高校は入ることが目的ではなく、そこで3年間学びを得ることが目的。発達の特性のある息子が、力を発揮しやすい環境、学び続けられる環境を選ぶこと、それにこだわりました。そして、決して大人の一存では決めないこと。通うのは大人ではなく、子ども自身です。何度もいろんな学校に足を運び、息子と会話を重ねました。

・勉強は難しすぎないほうがいい

・赤点をとったときの手厚いフォローがある方が向いている
・宿題はプリントで出されると失くしやすいから、タブレットを活用している学校がいい
・「楽しいことなら頑張れる」というADHDの特性も考えて、行事が楽しそう、部活が楽しそうだとモチベーションになる

など、息子にとっての「ベスト」な環境を親子でじっくり選んだ結果、高校に入った息子は、クラスで1桁の順位をキープするようになりました。忘れ物ばかりしていた子が、高校では提出物をほぼパーフェクトに出し「内申点貯金」をしていきました。

その頑張りは「指定校推薦」という形で実を結び、息子は大学進学を決めたのです。

そして、大切なのは「環境選び」だけではなく、「発達を加速する」こと。高校から大学へとステー

ジが変われば、また新たな課題が出てきます。

コミュニケーションが苦手な息子にとって、入試での面接やグループワーク、入学後の環境の変化への対応や友達づくりも、1つの課題でした。ですが、親子の会話でコミュニケーション力を磨いた息子は、「緊張してご飯が食べられない！」と言いながらも、その壁を乗り越えていきました。

今は私も、不登校に悩む親子のおうち発達支援を教える先生になり、お母さんたちを「家で子どもの脳を育てるホームティーチャー」に育てる仕事をしています。

不登校になっても人生は切りひらくことができます。学校嫌いって悪いことじゃない！学校のやり方が、環境が、グレーゾーンの子に合っていないだけ。学校との相性の悪い100万人の子どもとママにも、堂々と人生を歩んでもらいたい、切に願います。

私たち親子の歩んできた記録と、それを支えた〈発達科学コミュニケーション〉が、少しでも勇気になれば嬉しいです。

＼ 24時間ママべったりの
母子分離不安…。 ／

母子登校を続けていた高学年男子

いたがきひまり（発達科学コミュニケーションマスタートレーナー）

こんなお悩みが解決できます♪

◎不安が強く24時間ママべったり

◎子どもと一緒に学校に行く「母子登校」が続いている

◎子どもの暴言・暴力が激しくなっている

こんな変化がありました！

母子分離不安が
解消でき、
なんでも一人でできる
ようになりました！

こんな子どもが
変わりました★

特性 母子分離不安障害
+ASD（自閉スペクトラム症）

年齢 10歳（小4）

性別 男子

24時間エンドレスの「ママ、ママ」地獄

私の息子は小さな頃から不安が強く、いつも私にべったりでした。１歳から通っていた保育園も、毎日大泣きで、無理やり先生に引き渡す日々が続きました。

「保育園に来てしまえば、楽しそうにしていますよ！」という先生の言葉に安心して、大きくなればよくなるだろうと問題を先送りにしてしまった私。だけれども実際は、家の中でも外でも「ママ来て！」「ママがいい！」。24時間エンドレスの「ママ、ママ」地獄。どうしてこんなに育てにくいんだろう。「私の育て方が悪いから？」「しつけがちゃんとできていないから？」。しっかりしたママに見られたくて、どんどん子どもにきつく当たるようになり、いつしか私は、笑うことすら忘れてしまいました。

小学生になってからが本当の戦いだった

小学校に入学後は一人でなんでもできるだろう、と思っていました。しかし、現実はそんなに甘くはありませんでした。初めてのことが苦手な分離不安っ子の息子にとって、小学校生活は試練の連続だったのです。小学１年の夏休み明けから、登校しぶりがはじ

まりました。1回学校を休んだら、このままずっと休んでしまうんじゃないか……。不登校になるのが怖くて、「休んでいいよ」の一言をどうしても言うことができませんでした。

息子の不安が大爆発！

その後も息子の不安はどんどん大きくなり、小学4年生の秋、母子分離不安障害になりました。はじめは学校の門まで一緒に行っていたのが、下駄箱まで、廊下までとどんどんエスカレートしていき、最終的には教室で1日中授業に付き添う〝母子登校〟へと繋がりました。私は、必然的に仕事にも行くことができなくなり、仕事をやめざるを得なくなりました。

すべての時間を息子に費やしたけれど、一緒にいればいるほど母子分離不安は強くなる一方。経済的にも厳しくなり、家族のイライラは増えるばかり。付き添い授業をはじめた頃は、教室でみんなと授業を受けていましたが、しだいに教室でも暴れるようになり、教室で授業を受けることが難しくなっていきました。そして最終的には、学校内にある「教育相談室」と呼ばれる小さな部屋で、私たちは過ごすことになりました。

そこは、ほこりだらけでエアコンもなく、冷蔵庫のように寒い部屋でした。防災備蓄品や学校の備品が置かれていて、まるで倉庫のような部屋。「ここは監獄？」と思ってしまうような、学校だけど学校ではない薄暗いこの部屋で、私と息子は数ヶ月間、２人で学校生活を送りました。先生から出される課題のプリントは、ほんの数分で終わってしまい、残りの数時間を何もないこの部屋で過ごすことが、苦痛でしかたありませんでした。

時々、教室をのぞきにくる先生には「大丈夫です！」と精一杯の笑顔で振る舞ってみせていましたが、心の中では「助けて！　もう限界」といつもそう叫んでいました。いっそのこと、不登校のほうがよかったのに……。もうママやめたい。あのときの私と息子は、精神的にもギリギリの状態だったと思います。

忘れもしない、そんなある日。暗くて寒いあの小さな部屋で「こんなお母さんでごめんね」。とうとう、私は崩れ落ちてしまいました。大粒の涙を流しながら、何度も息子にそう言いました。

私だって本当は、笑顔のママになりたかった。みんなに認めてほしかった。旦那にも、義理の母にも、先生にも、しっかりしたママって思われたかった。だけど、思い通りにいかない子育て。描いていた笑顔の未来とは正反対。こんな自分が悔しくて、悲しくて、涙が止まりませんでした。そして私は、そんな自分が大嫌いでした。

だけど息子は、こんな私に向かって「僕はママの子どもでよかった」と言ってくれました。その言葉を聞いて、抱き合って、大きな声を上げながら、思いっきり2人で泣きました。そして、ここまで頑張ったんだから「もういいか」と思いました。今まで張り詰めていた糸がプチンと切れた瞬間でした。

そのとき、私はやっと気が付きました。**〝学校がすべてではない〟ということ**。**心を壊してまで、やらなきゃいけないことは何1つない**、ということに。忘れてしまっていた、一番大切なことに気が付くことができました。

そして私たちは、次の日から学校に行くことをやめました。あのとき、私が感じていたのは、社会からの疎外感と孤独感。ただただ辛くて、苦しくて、今すぐ助けてほしかった。誰かに救ってほしかったのです。

真っ暗な暗闇にやっと見えた一筋の光

そんなとき、たまたま本屋さんで〈発達科学コミュニケーション〉創始者の吉野加容子さんが書いた『発達障害とグレーゾーン　子どもの未来を変えるお母さんの教室』という1冊の本に出会ったのです。藁にもすがる思いで一気に読みました。

「私が求めていたのはこれだ！」。その本には、今まで誰も教えてくれなかった、子育ての答えが書いてありました。「私はやっと救われた」と、どこか安心感に包まれたことを覚えています。そして、毎日届くメールマガジンを開くたびに、「私は一人じゃないんだ」と心がホッと軽くなりました。

勇気を振り絞って、吉野さんのセミナーに参加したときは、「少しでもいいから子育てを改善したい！」という想いで、必死で内容をノートに書き写しました。大人になって忘れかけていた、学ぶことの楽しさを改めて感じることができました。そして、60分のセミナーの時間が、私にとっては自分に戻ることができる唯一の時間となりました。

子育てがうまくいかないのは、育て方が悪いんじゃなくて、育て方を知らないだけ。ゴールの見えない真っ暗な闇の中に、一筋の光が見えました。そして、「本気で自分を変えたい！　もっと学びたい！」と思いました。

母子分離不安を解消させるたった1つの大切なこと

息子の分離不安を解消するために私がやったことは〝子どもを肯定する〟というこ

とでした。

今までの私は、息子の顔を見るなり「あれしなさい！」「これしなさい！」と息子のできていないことを見つけ、指示や命令ばかりしていました。

ですが、〈発達科学コミュニケーション〉を習い、大事なことは〝肯定すること〟だと知り、指示や命令をするのをやめて、息子のできているところに注目し、肯定することをはじめました。まずは1ヶ月と期限を決めて、徹底的に肯定していきました。

ポイントは肯定の割合です。今までも肯定しているつもりでしたが、肯定する量が全然足りていなかったことに気が付いたので「肯定10：否定0」の割合で肯定していきました。

息子のできていないことは見て見ぬふり。できたことだけを肯定する。徹底的に息子を肯定した結果、荒れていた息子は、たった1ヶ月で暴言・暴力がなくなり、素直で優しい子になっていきました。

もちろん子育てはうまくいったり、いかなかったりの連続です。一歩進んでは、二歩下がる。そんなときもたくさんありました。ですが、息子の未来を信じ続け、対応し続けてきた結果、息子はたくさんの「できない」が「できた」に変わり、自分で決めて、自分で行動できるようになりました。

今では私が仕事で1週間家をあけることがあっても、「もう一人で大丈夫！　ママ頑張ってね」と笑顔で私を送り出してくれるようになりました。

辛かった子育ても いつか必ず笑い話に変わる！

勇気は一瞬。後悔は一生。あのときの一瞬の勇気がなかったら、私は今もどん底の子育てをしていたかもしれません。

決断するって勇気がいる。うまくいくかなんて、誰にもわからない。だけど、その一瞬の勇気で人生が大きく変わる、ということを私は知りました。そして何よりも大切なことは、自分が自分らしくいるということ。ママだから、子どもだからではなく、それぞれが一人の人間として尊重し合い、自分の足で立つということです。

「人生一度きり」

人生はきみが想っているより、楽しんでいいんだよ！　ママが変われば子どもが変わ

る。やり方がわからなければ、聞けばいい。一人で難しいのであれば、一緒にやればいい。悩んでいるだけでは何も変わりません。

暗い子育てから抜け出せた一筋の光に、今度は私がなる！　そう決めて、私は今、母子分離不安や母子登校に悩む親子をサポートする仕事をしています。

「変わりたい！」と思ったのであれば、まずはママが動き出そう！

その先には見たことのない景色が待っています。勇気は一瞬。後悔は一生。ママと子どもの未来に一緒に会いに行きましょう。

友達に
暴力をふるって

1ヶ月の停学処分になった中学生

桜井ともこ（発達科学コミュニケーションマスタートレーナー）

こんなお悩みが解決できます♪

◎言っても言ってもやるべきことをやらない

◎怒鳴って無理やりやらせる以外に
子どもを動かす方法がわからない

◎子どもの反抗と暴言がどんどんエスカレートしてしまう

こんな変化がありました！

激しい
反抗と暴言が3週間で
ピタッとおさまり、
部活で活躍する選手に
なりました！

こんな子どもが
変わりました★

特性
ADHD（注意欠如・多動症）
グレーゾーン

年齢 14歳（中2）

性別 男子

「犯罪者になってしまうのでは……」と毎日恐怖に怯えていました。

中学生になった息子と取っ組み合いの喧嘩をするときは決まって、目線の先で電話の場所を確認していました。「最悪の場合は、警察を呼ぶ」。そんな日がいつか来るかもしれない。このままでは息子は犯罪者になってしまうのではないか……そんな恐怖が私の中にいつもありました。

私は息子を育て直したかった……「もっともっと小さな頃にさかのぼって、全部やり直したい！」と思っていました。小学3年生になった頃、授業中の立ち歩きを指摘されて、本当に驚きました。こっそりと様子を見に行くと、いつも息子は教室の外に出されて、かかっている体操着袋を蹴って、廊下で一人でサッカーをしていました。

教室でじっとしていられない息子。「この子にどう対応すればいいのか知りたい！」と発達検査を受けましたが、結果は「まあ、様子を見ましょう」と言われただけでした。「なんで！　どうすればいいか教えてくれるんじゃないの!!」「なんのために検査を受けたの！」「ここに息子を連れて来るだけでも大変だったのに、ふざけるんじゃない！」

私は大きな声で怒鳴りたい思いを必死で押さえました。

トラブルばかり起こす息子に「もうしません」と誓約書を書かせては、すぐに約束が破られるの繰り返しでした。そんな約束、無駄だとわかっているけれども、それを繰り返すしか方法がわからない……。私は一人で、息子の問題を解決しようと必死になっていました。

中学生になってからは、テストで平均点が取れるようにと、集中力が続かない息子の腕をつかんで椅子に座らせ、「これをやらなかったら、ゲームを没収する」と脅しながら、無理やり言うことを聞かせていました。私は、なんとか普通にさせなくては、とそればかり考えていました。

ですが、一生懸命やっても、息子の困りごとはどんどんエスカレートし、先生に悪態をついたと呼び出され、喧嘩をしては頭を下げに行く。夕方電話が鳴るたびに、「今日は何をしてくれたんだ……」とビクッと体が反応してしまうようになっていました。

そして、息子が中学2年生のとき、恐れていたことが起こりました。お友達と大きな喧嘩をして校長室に呼び出されました。カッとなってお友達に手を出してしまったのです。校長先生には「他のお子さんに迷惑がかかるので、しばらく学校に来なくていいですよ」と言われました。

まさか、公立の中学校でそんなことを言われる日が来るなんて……。罵声を浴びせられて、二人で土下座をして謝りながら、心の中では、「息子がやったことは100%悪い。だけど、何もしてこなかったわけではない。誰か、助けて……。お願いだから、誰か、私たちを助けてほしい……。私も、もう限界……」と叫んでいました。

その日以来、それまでよくしてくれていた先生方の態度も一気に変わりました。私たちの味方は誰一人いなくなりました。本当に悔しかった。この子にもいいところがたくさんあるのに、誰も見ようとしてくれない。ただの問題児としてしか扱われなくなったことが、本当に悔しかったです。

転校も考えました。ですが、結局のところこの子の問題が解決しない限り、どこに行っても同じこと。逃げても何も変わらないのです。私は、息子の前では必死で笑顔をつくり、普通を装い、息子がいない場所で毎日泣いていました。

なんとかしたいのに何もできない。助けてくれる人もいない。何度も学校とやりとりを重ね、息子が学校に行くことを許されたのは1ヶ月後でした。

誰も何もしてくれないなら、私がこの子の人生を変える!

私はそのときに、もう誰にも頼らないと決意しました。私は一生、この子の母親ということからは逃げられないし、この子を諦めるわけにはいかない。そしてこの子を犯罪者にするわけにはいかない！　だから、私がこの子の人生を変える！　と決意しました。

その日から夜な夜なインターネット検索をし、「発達障害・グレーゾーン」「親にできること」と調べる中で、私は〈発達科学コミュニケーション〉創始者の吉野加容子さんが書いた本を見つけました。すぐに購入し、一気に読み、「やっと自分にできる具体的な方法が見つかった！」と、ものすごく嬉しかったことを覚えています。

その本に書いてあった肯定の声かけをすぐに実践してみたところ、たった1日で彼の反抗的な態度が少し減りました。私は、「これしかない！」と、もう藁にもすがる思いで個別相談に行き、「今までの方法を変えて息子の人生を変える！」と決めました。

先回りの声かけを手放す！　と決めて、1ヶ月やり切った！

私が初めにやったことは2つです。**当たり前のことこそ褒める**。**そして、先回りの声かけを一切やめて、〝肯定の注目と否定の注目のバランス〟を10対0にする**ということです。

肯定の注目をしたり、褒めたりすることがいいことだとは知っていましたが、「息子は決められたことを何もやらないので、褒めるところなんて1つもない」と思っていました。〈発達科学コミュニケーション〉を学び、その考えが全く正反対だったことを知りました。

脳にとって褒めるということは、「これできているよ！」という記憶を脳に刻むことなので、私は息子に「お！　歯を磨けたね！」「お！　ご飯食べてるね！」と当たり前のことをそのまま伝える、という実況中継の褒め言葉をシャワーのようにたくさんかけていきました。

また、脳にとって「まだやっていないことを言うこと」が〝否定の注目〟になると知ったので、「あれしなさい」「これしなさい」という先回りの声かけを一切やめる！と決めました。

まずは1週間、今週は「先回りの声かけを一切やめて、笑顔でいることだけ頑張ってみる」と決めました。そうしたところ、たった2日で息子の笑顔が増え、反抗的な態度がグッと減っていくのがわかりました。息子のその変化が私の自信になり、〈発達科学コミュニケーション〉で習った声かけを実践することが楽しくなっていきました。

毎日自分ができた声かけと息子の変化を夢中で記録に取りました。

次の１週間は「先回りの声かけを一切やめて、息子の行動を観察することだけ頑張ってみる」というように、１つのことだけに意識を向けて、私自身もスモールステップで、まずは１ヶ月間、習ったことをやり続けていきました。

その結果、「シネ」「コロス」などの激しい反抗と暴言は3週間でピタっとおさまり、ほぼ同時期に、学校からの電話が一切かかってこなくなりました。

そして、「しゃべりかけるな！　近寄るな！」と言っていた息子が、「ねえねえお母さん」と話しかけてくるようになりました。３ヶ月後には、通知表に「コミュニケーションが穏やかになり、課題にも一生懸命取り組むようになりました！」と書いてもらえるようになり、学校での評価も一気に変わりました。

思春期からでも大丈夫！　脳は発達します！

息子には発達の特性があるため「私が教えないと、この子は何もできない」「できるようにしてあげないと、将来大変なことになる！」と思い込んでいました。

ですが、私が息子への声かけをガラリと変えただけで、息子の反抗と暴言がどんどん減っただけでなく、言わなくても、自分で考えて遅刻しないように工夫するようになり、提出物の期限を自分で守るようになっていきました。

今までは、**この子が困らないようにと、先回りの声かけをし続けていましたが、結果としてそれは、彼が自分で考えるチャンスを奪ってしまっていただけでした。**

私は長い間、「もう手遅れなのかもしれない」「なんでもっと早くに対応してあげられなかったのだろう」と自分を責めてきましたが、息子はできない子ではなかったし、私もダメな母親ではありませんでした。私は、ただ方法を知らなかっただけでした。だけど、大丈夫！　知ることができたら、私にもできたのです！

正しい方法を知り、毎日の声かけを変えるだけで、思春期からでも、グレーゾーンでも脳は発達します！「この子たちの脳細胞は、壊れているわけではない！」。そう知ったとき、私は心から救われました。

私はその後、私と同じようにたった一人で苦しんでいるお母さんに届けたい一心で、〈発達科学コミュニケーション〉のトレーナーになり、グレーゾーンの反抗期からの自立の問題を解決する先生になりました。そして、「一人暮らしをしながら、県外のバスケの強豪校に通う！」という息子の夢を応援できる母になりました。

やりたいことを思いっきりやらせてあげることが、脳の発達には一番の栄養になります！　それは大人も同じこと。だから私は、自分の夢も息子の夢も全部叶えていくと決めています。自分の脳を発達させられるママが、我が子の脳を発達させられるのです。

グレーゾーンだからといって夢を諦めない！　我が子がグレーゾーンだからといって、自分の夢も諦めない！　困りごとは直さなくていい！　脳を伸ばせばいい！

お母さんが声かけを変えるだけで、思春期からでも未来を変えることができます。これからは、そんな子育ての当たり前がスタンダードになる世の中をママたちと創っていきたいです！

＼ 気難しさとこだわりと癇癪（かんしゃく）で、 ／

家がカオス状態になった思春期女子

中村友香（発達科学コミュニケーションリサーチャー）

こんなお悩みが解決できます♪

◎子どもが毎日長時間の激しい癇癪を起こす
◎きょうだいもパパもストレスで限界。家族崩壊の危機！
◎ママも心身ともに疲れきっている

こんな変化がありました！

癇癪をめったに起こさなくなりました！

こんな子どもが変わりました★

特性
ASD（自閉スペクトラム症）
＋HSC（人一倍敏感な子）
グレーゾーン

年齢 11歳（小5）

性別 女子

思春期の子どもの、今までとは違う激しい癇癪、家族崩壊の危機！

娘は、赤ちゃんの頃から小さな変化に気付きやすく、癇癪を起こすことがありました。抱っこしてやっとのことで寝かしつけても、ベッドに移すと泣いてしまう、の繰り返し。ジュースに混ぜた薬も、全力で泣き叫んでそっくり返って吐き出す。子育てを負担に感じることもありました。

そして思春期になり、敏感な娘の癇癪が変わってきました。並んで歩いているときに、私が少しずれると「道をふさがれた」とイライラして怒り出す。取り込んだ娘の洗濯物がフローリングに触れると「もう一回洗って！」とキレて騒ぐ。思春期だからかなと思いつつも、すぐに不機嫌になり、反抗的な態度を取る娘に「あー、またか！　そんなちょっとのことで!?」と私もイライラして口喧嘩になることもありました。

さらに、コロナ禍での感染対策という大きな環境変化と不安が重なったことで、癇癪がより激しくなってしまいました。自分の物を触られること、家族が触った物を過敏に嫌がりました。自分のルールに合わないと、長い時間にわたって、人が変わったように声を荒らげて泣き怒り、不満を爆発させることを日々繰り返すようになってしまいました。

中学生の息子は、そんな娘のご機嫌取りをしてくれていましたが、だんだん耐えきれなくなり、暴言・暴力も増えていきました。娘も不満がさらに募るという悪循環。私は娘の癇癪スイッチに触れないように、常にピリピリしていました。

あるとき、寝る前に娘の不満やグチがヒートアップして、泣いて怒りはじめました。「なんでママは注意しないの!?」「楽しいことしてよ！　今すぐに！」「動くな！」と怒鳴る、騒ぐ、物に当たるというのが夜中まで続きました。

それに対してキレた息子が乱入してきて、「うるさい！　眠れない！」「言うとおりにするのはおかしい！」と暴言を吐きながら、娘に飛びかかります。娘は「部屋の空気が汚れた！　触られたものは全部洗って！」と泣き叫び、もはやカオスでした。力が強くなった息子は私には止められません。息子を止めに入った夫も、「こんなんじゃ眠れない、みんなおかしくなる！」と連日の騒ぎに疲れきって、娘を連れてどこかへ泊まってくるように言いました。

「なんとかしないと！」いろいろな対応を必死に試行錯誤していました。肯定すること、心配ごとや不満をひたすら聞くこと、好きなことを一緒にすること、どんなときに癇癪を起こすか、どんなときに機嫌がよいか記録を取って考えること。いろいろと試しましたが、娘の様子はよくなったり悪くなったり、癇癪が減る様子も見えず、焦るばかりでした。「いくら頑張っても家族の穏やかな状態を保てない……」。もう何をする気力もなくなってしまいそうでした。「逃げ出したい」と思いました。ガクガク震えて寝付けなかったり、夜中に何度も目が覚めたり、くいしばりの歯痛で鎮痛剤を飲まないと耐えられなくなっていました。

「このままじゃ、私も持たない。私だけではもう無理かもしれない」と思い、児童精神科に相談をしました。いつもは親の対応による改善を重視する先生でしたが、初めてお薬を提案され、これ以上悪化するようであれば、最終手段として家族と距離を取るために娘を入院させる方法もある、とまで言われてしまいました。もし最終手段を取ってしまえば、娘はきっと取り返しがつかなくなるほど悪化する！　やはり私が動かなければ！　と覚悟を決めました。

落ち着いているときの娘は、気配り上手な、思いやりのあるとても優しい娘です。私が体調を崩したときには「元気になる野菜スープを作ったよ！」と出してくれます。私の元気がなさそうだと笑わせてくれます。「ママ大好き！」と言ってくれます。

娘も、好きな食べ物、お気に入りの音楽など、自分が落ち着くもの・楽しくなるものを探して試していました。私が娘を怒った後に自己嫌悪になるのと同じように、娘自身も辛かったのです。「ピンチはチャンス！」の言葉を支えに、気力を振り絞りました。

子育てテクニックだけではなく、スタイルを根本的に変える

〈発達科学コミュニケーション〉のオンラインミーティングに出ることもままならない状況でしたが、なんとかして毎回参加しました。参加する方々の大変な子育てがうまくいった方法や、吉野さんのコメントから現状を変えるヒントを得たい。そして自分が変わって、なんとしても娘の癇癪を落ち着かせたい、と思っていました。〈発達科学コミュニケーション〉では、お母さんが変われば子どもが変わる、という実例をたくさん聞いていたからです。

あるとき吉野さんから「1日に子どもをどれくらい笑わせている?」「笑いと感動、楽しめる活動をどれくらい子どもに与えられている?」という話がありました。

困りごとへの対応については3つのポイントがありました。

1．根本的に、コミュニケーションのスタイルを変えていくことが必要

テクニックとしてお母さんの声かけだけを変えても、お母さんの考え方を変えられなければ、子どもの変化はあまり見られない。

2．ストレスを受けている環境を緩和する必要がある

ストレスの量が多すぎる、または楽しいことの量が足りていないと子どもの変化は

少ない。

3．コミカルに子どもと接するために、表情のバリエーションを増やし、パフォーマンス力を鍛える

お母さんの笑顔や優しい声がないと、どんなに褒めても子どもの変化は少ない。

私は、頭をガツンと殴られる衝撃がありました。頑張ってもうまくいかないループにハマっている原因は、まさにここにある！　子育ての知識やテクニックの前に、子どもを笑わせる以前に、「私の笑顔が消えている」とハッとしました。

繊細な子どもは、その場の空気を読み取りやすく、目に見える情報はダイレクトに感じ取ります。娘は、私がつくり出していたネガティブな空気感を感じ取り、大きなストレスになっていたのだと気付きました。

気力がなくてもすぐできる！　癇癪が落ち着く対応

そこで、とにかく明るいコミュニケーションをしようと思いました。笑顔や面白い顔など〝ポジティブな表情〟をつくろう、〝楽しいリアクション〟をしよう、と２つのポ

イントを心がけました。

1つ目は、〃ポジティブな表情〃を意識しました。とは言え最初は、心から明るくする気力はありませんでした。**まずは、口角を上げることだけ意識しました。**子どもと話すときやすれ違ったとき、鏡を見たとき、家事をするとき、パソコンに向かうときなど、気付いたときに一秒だけでもやってみました。

口角を上げるのに慣れたら、表情のバリエーションを加えていきました。微笑む、上の歯を見せて笑う、上下の歯を見せて大きく笑う。目の回りを意識して、目を細める、目を開く、まぶたと眉毛を上げる。鼻の穴を広げる。続けていると自然に笑顔や面白い顔ができるようになって、私の気持ちまで整っていきました。

また、子どもが「うまくいかない」「困った」とイライラしそうなとき、「そうなんだね」と、眉をひそめながらも鼻の穴を広げるだけで、完全なネガティブ表情にならず、共感も伝わり、親子で落ち着けることもありました。

2つ目は、〃ポジティブな表情〃と合わせて、〃楽しいリアクション〃を意識しました。

子どもが面白い顔やリアクションをしてきたときは、私も子どもと同じくらいのテンションで、同じようなリアクションを返しました。手でグッジョブサインやOKサインを出したり、体全体での反応もしました。**疲れていても、手や体を使ってあいさつ代わりにやってみると、だんだんこちらも楽しくなりました。**

これらを意識した2日後には、娘が私の変化に気付き、「面白い、最近反応が楽しい！」と伝えてきました。その後も私の表情やリアクションに次々とコメントが返ってきました。

それを励みに、表情とリアクションを意識し続けたところ、娘の癇癪も私のメンタルも、だんだん落ち着いていき、家族全体が穏やかになっていきました！

ただでさえ扱いが難しい思春期で、激しい癇癪を毎日起こしていたのが、3週間後には1週間に1回に減り、今では、癇癪を起こすことはめったになくなりました！　マイルールも緩くなり、好きなことを楽しむ時間が多くなり、思いやりのある娘の力が発揮されるようになってきました。

お母さんが笑顔で楽しく過ごすことが「特効薬」

「娘のマイルールに合っているか気を付けないと！」「娘が気に入らないから、触らないで！」などと、癇癪を起こさないように注意していたことは、全くの逆効果でした。いくら娘の不安や不満の話を聞いても、望みを叶えても、私がネガティブな気持ちでいることはお見通しだったのです。

癇癪を起こしていないときに、お母さんが笑顔で楽しく過ごすことが、癇癪予防の〝特効薬〟だとわかりました！　お母さんの笑顔の力は絶大です。明るい雰囲気は何よりも子どもの〝安心感〟に繋がります。

ぐったりで気力がなくても、まずは〝ポジティブな表情〟を作る↓気持ちが整う↓雰囲気もよくなる。コミュニケーションのベースが整うと、必死になっているときにはうまくいかなかった、肯定する、不安や不満を聞く、楽しいことを一緒にする、などの対応の効果が一気に出はじめました。

毎日一生懸命頑張っているお母さん、頑張らなくても小さなことから変えるだけで、しんどい子育てがラクになります。キュッと口角を上げることから、家族みんながご機嫌になれる楽しいコミュニケーションの時間を増やしてみませんか。

＼ 暴言・暴力で ／

「うるせーよ!」が口癖の中学生

明石 めぐみ（発達科学コミュニケーションリサーチャー）

こんなお悩みが解決できるレシピです♪

◎思春期の男子が反抗期で荒れている
◎親子の信頼関係が築けていない
◎母親としての自信を失くしてしまった

こんな変化がありました!

暴言・暴力が落ち着き、自主的に行動できるようになりました!

こんな子どもが変わりました★

特性 ADHD（注意欠如・多動症）+ASD（自閉スペクトラム症）グレーゾーン

年齢 15歳（中3）

性別 男子

息子が反抗期に突入、暴言・暴力に悩みはじめる

小学生までは少し気になるところはあっても、おしゃべりで育てやすかった息子が、中学生になってから激しい反抗期を迎えました。コロナ禍で外出が制限され、家では夜中までゲームや動画三昧。遅刻や忘れ物が増えました。注意したり、ゲーム機を取り上げようとすると、息子はキレて暴れるようになりました。最初は取っ組み合いでしたが、だんだん力で敵わなくなり、自分の身を守ることで精一杯になりました。

息子がリビングをめちゃくちゃにしている間は、刺激しないように見守るだけ。ハードカバーの本を至近距離から頭に投げつけられたこともあります。「ゴミ親!」と罵られ、もう涙も出ないくらいショックでした。夫は息子の前で私を批判し、興奮した息子はますます暴れるという状況でした。こんな地獄のような家から逃げたくて、週末はビジネスホテルに泊まることもありました。

「このままじゃ将来は引きこもりになってしまう」と、かなり先のことまで心配し、引きこもりの大人を預かって更生してくれる業者をインターネットで探しました。親なのにどうにもできないから、屈強なプロに頼んで息子をなんとかしてもらおうと思っていたのです。最低な母親でした。

そんなとき、中学校からの勧めで受けた知能検査で、息子は発達障害グレーゾーンであることがわかりました。そこで私は初めて、小さい頃からの違和感の原因や、学校で息子がどんなに大きなストレスを抱えてきたかを理解できたのです。

それから、自分なりに発達障害のことを勉強して、息子を叱らなくなったことで反抗は少し落ち着きました。しかし、苦手なことをやらせようとすると衝突する日々が続きました。あらゆる専門機関に相談しましたが、困りごとはなかなか解決しませんでした。

不登校になり、荒れた状態は続く

そして、中学3年の夏休み明けから息子は学校に行かなくなりました。思い返すと、3年生になって先生たちが入れ替わってから、学校や塾からの帰宅後にイライラしていることが多くなっていました。先生たちに苦手なことを叱られ、それを同級生や後輩からいじめられることで、息子の精神状態は限界だったのでしょう。

それなのに私は、息子が愚痴っているときに諭したりアドバイスをしたりしてしまい、彼の気持ちに寄り添うことができていませんでした。

息子は不登校になってから、家でゲームばかりしてイライラしているか、無気力な状態が続いていました。それを見た夫が怒鳴って、息子が暴れるという繰り返しで、家庭内は殺伐とした雰囲気でした。

救世主！〈発達科学コミュニケーション〉との出会い

「このままではダメだ。誰か、助けてほしい」そんな想いで、吉野さんとの個別相談に申し込みました。相談に申し込む1ヶ月前に、発達障害の悩みをインターネットで検索し、〈発達科学コミュニケーション〉を見つけて、吉野さんのメルマガに登録していたのです。

ある日のメルマガに「ママの起業」について書かれていて、子どもだけでなく、お母さんの人生を変えることもサポートされているのだな、と印象に残っていました。私は発達障害に関する仕事に興味があったので、吉野さんを思い出しました。また、個別相談なので「息子に合った対応方法」を教えてくれそうだ、という理由で申し込みを決意しました。

吉野さんは、個別相談で息子の特性を的確に分析してくださり、今後の発達目標について具体的なアドバイスをいただきました。母親とのコミュニケーションによって3ヶ月で困りごとが解消できると聞いて、「救世主だ！」と感じました。

中学3年生からでも間に合うのか心配だったのですが、高校生や大学生からはじめられた方たちの実績があり、「脳は何歳になっても発達させられる」という吉野さんの言葉に希望が持てました。

また、ほとんどのお母さんが医療や教育の経験がなくても、トレーナーやリサーチャーとして活躍されているとのこと。「私も、同じように悩んでいるお母さんの力になりたい！」と思い、その場で学ぶことを決断しました。

過干渉をやめ、息子のありのままを受け入れる

〈発達科学コミュニケーション〉を学ぶ前の私は、息子の反抗に疲弊していて話しかけるのも億劫になっていました。ですが、習った通りに声かけをはじめると、すぐに息子にも私にも大きな変化がありました。

まず、息子の変化ですが、初日から笑顔が増えてきて、何と2週間で暴言・暴力が落ち着きました。あれだけ私に反抗的だった息子が、素直だった小学生の頃のように話し

かけてくれるようになったのです。

私が息子に対して実践したのは、**彼のありのままを受け入れて肯定することです**。子どものことを〝肯定する〟には、褒める以外にもたくさんの方法があることを知りました。テキストのテクニック集をいつでも見える所に貼り、息子に対してポジティブな言動を心がけました。

具体的には次のような声かけを行いました。

・挨拶をする
・できている点に注目し、小さなことでも褒める
・息子の好きなゲームや動画に関心を示す
「お～、すごい！　クリアできたね」
「その動画、面白いの？」
「お母さんにも見せて」などです。
・息子の好きなことや得意なことについて質問する
・息子の意見に共感する
・嬉しい感情や感謝の気持ちを伝える

以前の私は、息子のできていない点をなんとかしようとしていましたが、苦手なことを克服させようとする対応は逆効果でした。脳は楽しいことで発達するため、苦手なことよりも先に得意なことを伸ばしてあげたほうがいいのです。

また、口うるさい私の声は息子の脳に届かず、反射的に「うるせーよ！」と反発されるだけでした。学校や塾で叱られて、家でもガミガミ言われ続けて、息子の安らげる場所はなかったと思います。暴言や暴力は息子からのSOSだったのでしょう。ですが、私が笑顔で明るく話しかけるようになったことで、彼も同じ態度で接してくれるようになりました。

さらに、息子は自分を認めてもらうことで自信がついたのか、自主的に考えて行動することが増えてきました。

・お風呂を洗ってお湯を入れる
・自分の部屋を片付ける
・外出時の持ち物を自分で確認する

これらを2週間でできるようになるとは、予想していなかった効果です。できていない点に注目しないことで、過干渉をやめることができたためかもしれません。息子の行動に先回りして口を出すことは、やる気を削いで自主的に行動する機会を奪っていたのです。

〈発達科学コミュニケーション〉を学びはじめてから、私にも変化がありました。母親としての自信を取り戻すことができ、育児が楽しくなりました。それまでは、「私の育て方が悪かった」「また余計な一言で怒らせてしまった」と自分を責めてばかりで、すっかり自信を失くしていました。

ですが、最初の褒めるトレーニングで「ポジティブな声かけをする」→「息子の反応がいい」→「褒める」のように、声かけがうまくいくたびに母親としての成功体験が増え、ますます楽しくコミュニケーションができるという好循環が生まれました。

特に、以前のように再び楽しく会話ができるようになったときは、「私はやっぱり息子のことを愛しているんだ」と実感することができました。息子とバトルしていたときは、息子への愛情を忘れるほど辛い日々だったのです。「こう言えば反抗的になる」とわかっているのに、なかなか自分を変えられない。息子を信頼して見守れない。そんな自分が嫌でした。

ですが、自分が変わろうと決めて〈発達科学コミュニケーション〉を学びはじめてからは、自分が母親としてどう見られるかではなく、息子の気持ちを考えて行動するようになりました。私がそのように育児の軸を持ったことで、何かあっても対策を考えるようになり、家庭内の雰囲気はよくなりました。

反抗してくれた息子に感謝

３年ほど悩んだ息子の反抗期ですが、たった3ヶ月の〈発達科学コミュニケーション〉の実践で、親子の信頼関係を取り戻すことができました。今では何でも話し合える仲になり、息子が料理を作ってくれることもあります。

息子の反抗からは、本当に大切にしなければいけないことは何かを学びました。**学校や社会の常識に合わせようと彼を追い込んでいましたが、必要なのは「そのままのあなたでいいんだよ」と認めてあげることでした。**子どもは親から無償の愛を与えられることで安心感を得て、自分のことを好きになり、他人にも優しくなれると思います。

私も息子を認めることで、本当は子どもをコントロールしたいわけではない、信頼し合える関係になりたいのだと気付くことができました。

今では息子が全力で反抗してくれたことに感謝しています。「ゴミ親！」と言われたことで、私は本気で変わろうと思えました。子どもに理想を押し付ける親を卒業し、息子の自立を全力でサポートしていきます。

最後に、８ヶ月前の私と同じように子どもの反抗で悩んでいるお母さん。「この地獄はいつまで続くんだろう」と先の見えない不安でいっぱいかと思います。

反抗期はいつか終わります。ですが、間違った対応で長引かせてしまうと、子どもの心の叫びや、大事な成長のチャンスを見逃してしまうかもしれません。

子どもが無事に産まれたときの気持ちを思い出して、子どもと過ごしてみませんか。

「いてくれるだけで、ありがとう」という想いはきっと伝わりますよ。

第5章

コレだけやればうまくいく！

発達の悩みを解消するコミュニケーション

Chapter.5

たった1つの会話の型を学ぶだけでうまくいく！発達科学コミュニケーション

私がお母さんに教えている発達科学コミュニケーション（通称、発コミュ）は、たった1つの会話の型をマスターするだけ。

その**会話の型は、4つのステップでできているコミュニケーションサイクル**。このサイクルをぐるぐる繰り返しながら子どもと会話するだけだから、忙しいママでも毎日実践できます。

本書で紹介した21人のストーリーは、この会話の型を実践して得られた結果です。まずは3ヶ月、継続して実践してみてください。

21の実話の中にも、参考になる対応策が散りばめられていますので、第5章では基本中の基本と呼べるテクニックに絞って、簡単に触れておきます。

それでも、うまくできない、自己流になってしまいそう、継続するのが難しい、という人は、一緒に学ぶ仲間や先導してくれるトレーナーと一緒に取り組むことをお勧めします。

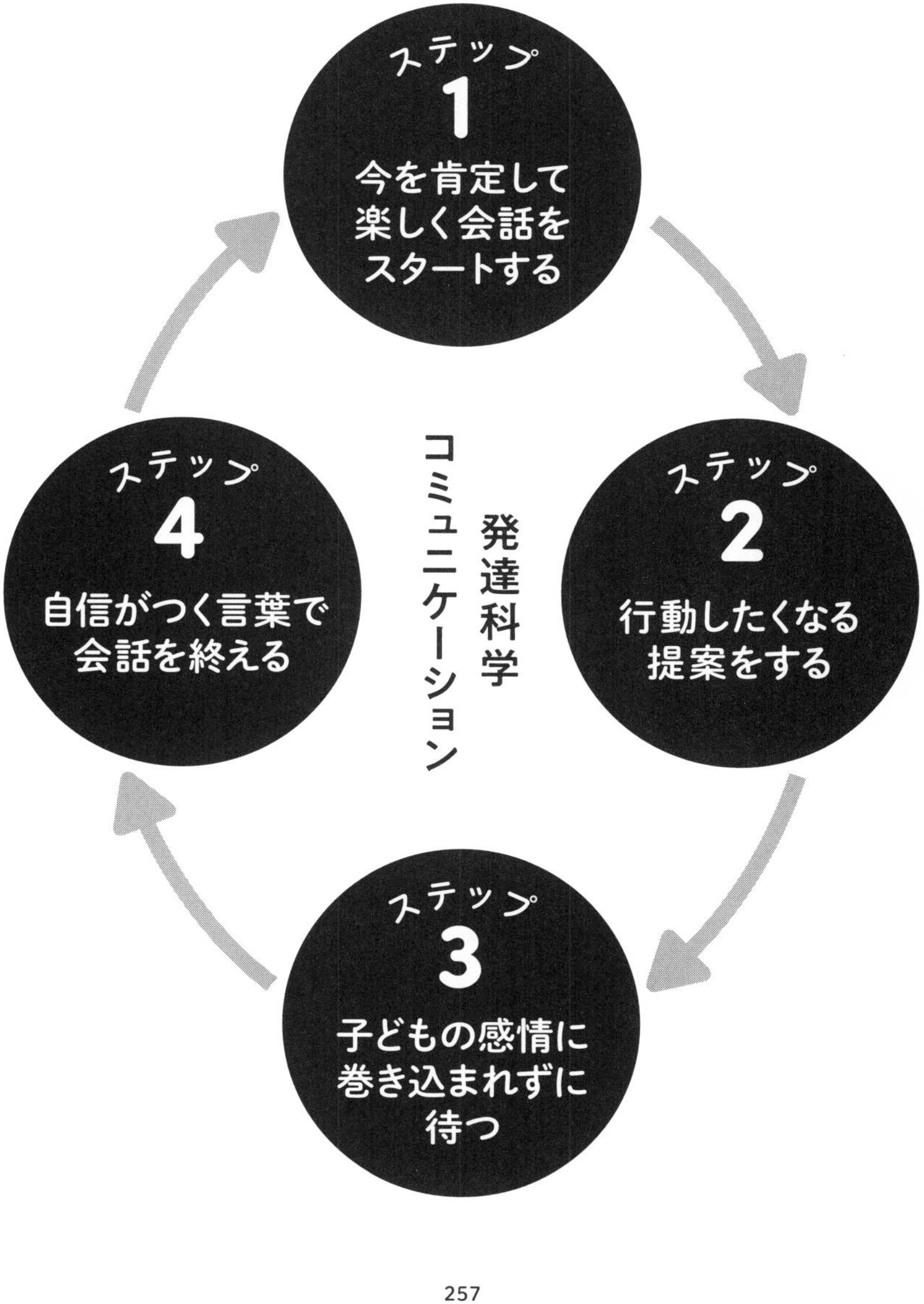

発達科学コミュニケーション

ステップ1
今を肯定して楽しく会話をスタートする

ステップ2
行動したくなる提案をする

ステップ3
子どもの感情に巻き込まれずに待つ

ステップ4
自信がつく言葉で会話を終える

ステップ1 今を肯定して楽しく会話をスタートする

子どもの脳に届く会話をするためには、子どもの「今」を肯定して楽しく会話をスタートすることがポイントです。

お子さんと会話をするとき、いきなり指示出しから会話が始まったり、不機嫌に名前を呼ぶことから会話が始まったりしていませんか?

最初に入ってきた情報によって、その後の働きが左右される脳の性質を利用しましょう。子どもに素直に話を聞いてほしいなら、会話のスタートをまずは肯定的に楽しく声かけをスタートすることが大切です。

次にやってほしいことを指示する前に、子どもが今やっていること、さっきまでやっていたことを認める声かけをしましょう。同時に、表情を柔らかくしたり、声を優しくするのも効果的です。

例えば、いきなり「早く宿題しなさい」「お風呂に入りなさい」と言うのではなく、「もうご飯食べ終わったんだね」「(テレビを見ながら)楽しそうにテレビ見てるね」などの一言から会話をスタートさせましょう。

8つの褒めワザ

ほめワザ1 興味を示す

「わぁ、何描いてるの？」

「すごい！ 知らなかった！」

「へぇ〜、何ができたの？」

ほめワザ2 励ます

「あと少しだね!」

「もう1回やってみよっか」

「もうこんなにできたの？ すごい!」

ほめワザ3 同意する

「なるほど〜」

「お母さん、それ好きだな」

「いい考えだね」

ほめワザ4 実況中継する

「あ、着替えてるんだね」

「野菜もがんばって食べてるね」

「一人で起きられたね」

ほめワザ5 感謝する

「ありがとう」

「お母さん助かったわ」

「プリント出しておいてくれたんだね」

ほめワザ6 喜ぶ・驚く

「ありがとう」

「うれしいな♪」

「わ！ もうこんなに片付いてる!」

ほめワザ7 スキンシップ

抱きしめる・ハイタッチする
肩をたたく
※『感覚過敏』などの特性によっては、嫌がることもありますので、様子を見ながら行ってください

ほめワザ8 ジェスチャー

にっこりしてうなずく
拍手をする
「グッジョブ」と親指を立てる

ステップ2 行動したくなる提案をする

子どもに指示を出しても、すぐに動いてくれないのには理由があります。

例えば「片付けよう」と指示をしたら、子どもの頭の中では、片付けのダンドリを立てながら、行動に移す、という2ステップの処理を行う必要があります。行動を起こすときには、体を動かすためにただでさえ脳に負荷がかかるのに、ダンドリを考えないといけないとなると、ダブルに負荷がかかってしまう。その結果、「めんどくさい」と言われて指示が通らなくなるのです。

指示を出すときには、脳に負荷がかからない程度の「それなら簡単にできそうだ」と感じられるところまで分解して、具体的行動を提案しましょう。

「片付けよう」ではなく、「その本を机の上に置いてみようか」と声をかけましょう。ダンドリを考える必要がなくなるので、2ステップの脳の処理が1ステップになり「あとは動くだけ」の状態になります。

1つできたら褒めて、また次の行動を提案する。これを繰り返せば、ダンドリも自然と覚えていくので、数ヶ月後には指示を細かくしなくても、自分で動けるようになっていきます。その他には、左図の3つのテクニックも参考にしてください。

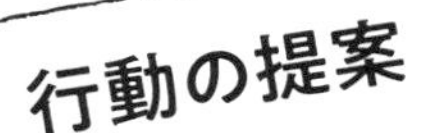

3つのテクニック

テクニック1

「行動の提案」に欠かせない3つの「S」

行動の提案の際には、「Smile（笑顔）」「Slow（ゆっくり）」「Sweet（優しく）」を心がけて。親御さんの顔が怖いと、繊細なお子さんはなかなか動こうとしません。脳を動かすには、矢継ぎ早に話さないこともポイントです。

テクニック2

予告しておく

グレーゾーンや発達障害のお子さんには、「見通しを立てること」が苦手な傾向があります。「長い針がいちばん上に来たら、おしまいにしようか」「あと3回やったら、ご飯食べようね」と事前に予告しておくと、子どもは心の準備がしやすくなります。避けたいのは、「お母さんがお皿を洗い終わったら、それも終わりね」というように、他人の都合に合わせさせること。子どものペースに合わせて、切り替えに必要な時間を考慮して提案をしましょう。

テクニック3

選択制にする

たとえば、片づけをさせたい場合、「絵本と積み木、どっちから片付けようか？」と、子どもに選んでもらいましょう。言われてやるよりも、自分で決めたことのほうが、子どもの心にゆとりが生まれ、主体的に取り組めます。「やるの？ やらないの？」という選択肢は、提案になっていないのでNG。どちらを選んでも「やる」という脳を使う行動へと誘うのがポイントです。

ステップ3 子どもの感情に巻き込まれずに待つ

ステップ2で伝えた行動の提案で子どもがスッと動いてくれたら、ステップ3は飛ばしてOKです。しかし最初のうちは、ぐずったり、すぐに動いてくれないかもしれないので、そんなときにこのステップ3を実践します。

と言っても、ステップ3は何もしないで待つだけ。**困った行動を見ても、お母さんは気付かないフリをして、取り合わないのが正解です。**

ついつい「またそんなことして〜! ◎▷※◇〜!」と注意したくなりますが、ぐっとこらえて。何も言わず、視線も向けず、気付いていないフリをして待ちましょう。

特に行動の切り替えが苦手なお子さんは、ステップ3のところで、よくない言葉を言ったり、地団駄を踏んだり、ひともんちゃくあります。ただ、それは彼らが行動を切り替えるための儀式(=スイッチ)のようなもの。いちいち取り合わなくていいのです。**取り合うほどに親子バトルになり、脳のよくない回路を使わせることになります。**

儀式が終わるのをそっと待って、次の行動に取りかかれたら、ニコニコ笑顔で褒めてあげましょう。

ステップ3のポイント

子どもの「好ましくない行動」は徹底してスルー

注意して待つのではなく、提案をして静観します。
待機している間は、体も視線も子どもに向けません。

否定的な態度はダメ

にらむ、ため息をつくなどは、
その態度で子どもに応戦しているのと同じです。
「ママは何も気にしていない」という姿勢を貫きながら、
褒めるタイミングを逃さないように見守ります。

好ましい行動が出たら、すぐに褒める！

ここはタイミングが大切です。たとえば片付けなら、
片付け終わってからではなく、
片付ける素振りが見えた時点で、
「あ、片付けてるんだ！」と認めて褒めます。
「やっと始めたの」というような言葉かけは、絶対ダメ。
「なかなか始めなかった」という
「好ましくない行動」には触れないでください。

ステップ4 自信がつく言葉で会話を終える

最後のステップは、子どもの脳に成功体験の記憶を残すこと。

この記憶は多ければ多いほど、自己効力感が高まり、次の行動を起こすときに「僕はきっとうまくやれる！」というポジティブな期待を持って動き出すことができるようになります。

考えるだけでは脳はなかなか発達しませんが、行動を起こすと発達しやすくなります。**自分に対してよい期待感を持てると行動量が増して、脳が発達しやすいサイクルに入っていきます。**

次ページに脳を伸ばすための褒め方のコツを挙げておきますので、参考にしてくださいね。

ちゃんと伝わる

褒め方のコツ

コツ1

途中でこまめに褒める

褒めるベストタイミングは、取りかかったとき。その上で、途中、もう少しで終わりそうなとき、終わったときというように、こまめに褒めると「好ましい行動」が定着します。終わるまで待っていると、褒めるタイミングを失うことが多くなります。

コツ2

成果でなく行為を褒める

「えらい」「すごい」という成果を評価する褒め方もいいのですが、「きれいにできたね」「最後まで食べたね」などの行為そのものを肯定してあげたほうが、伝わりやすくなります。ただし、「明日もそうしようね」「次はもっと早くしてみようね」というのはNGワード。親の期待や願望がプレッシャーとなり、うまく定着しません。「褒めっぱなし」で会話を終えていいのです。

コツ3

言葉と態度をセットで褒める

褒めるときは、言葉だけでなく、態度も肯定的に認めます。親御さんの笑顔や声の明るいトーンなどから、子どもは「これでいいんだ！」とポジティブな感情を抱きます。感情と行動が一緒に脳に記憶されることで、子どもに定着しやすくなります。

おわりに

【後悔のない子育てを】

発達支援の仕事をする中で、何百回と聞いてきたセリフであり、できれば二度と聞きたくないセリフが「もっと早くはじめればよかった……」という一言です。

この言葉を聞くたびに、私は胸が締め付けられる想いになります。お母さんがおっしゃる場合もあれば、ご本人がおっしゃる場合もある。取り戻せない過去への後悔の言葉に一緒に泣いたこともあります。

私の主宰する発達科学ラボは、発達障害グレーゾーンの専門機関として、「脳を育てるおうち発達支援」を脳科学に基づいて実践し、数々の実績を残してきています。最先端の機関でありたいですし、それをお母さんの手で実現している温かいコミュニティでありたいと願っています。

あなたも過去に、誰かの心無い言葉に傷つけられたこともあるでしょう。ですが、この本で紹介した21人と同じように、どうすればうまくいくのかを探求し、自ら自己投資して学び、実践して記録に残すことに挑戦すると、どんな親子の未来もひらけると信じています。

何かの縁で、この本を手に取ってくださったなら、この巡り合わせをどうか見逃さないでください。

子どもを成長させたいなら、まず大人が成長しよう！そして、成長することの楽しさを伝えよう！

人の脳は一生、成長が続くことがわかっています。

脳が成長しているとき、人は「楽しい、面白い！」と感じます。一方、脳があまり働いてないときは、「つまらない、退屈、面倒臭い」と感じます。

子どもも同じで、毎日成長している子は、毎日が楽しくて仕方ない。逆に、成長力が乏しい日々を過ごしている子は、毎日がつまらないと感じているでしょう。

もし今、子どもとのコミュニケーションがうまくいってないかも……、子どもに「毎日つまらない」という思いをさせているかも……、と感じるお母さんには、私は「まず自分が変わることにチャレンジしてほしい」と思っています。

このチャレンジは、決して苦しくて辛いものではありません。自分の可能性や本当はやりたいことにお母さん自身が目を向けて、お母さんが楽しい毎日を過ごせばいいのです。

これって、当たり前のようでいて、実現できていないママが多いのではないですか？毎日を楽しんで成長し続けているママに育てられる子と、毎日ネガティブな感情に支配され成長力が乏しくなったお母さんに育てられる子と、どちらが成長しやすいか？考えるまでもありませんね。

私のもとに学びにくるお母さんたちにいつも伝えることは「子どもを成長させたいなら、まず大人が成長しよう！」ということ。

自分自身を成長させられない人は、誰かを成長させるのも難しいからです。

自分の人生を後回しにしないでください。自分が変わることからはじめれば、子どももどんどん変わっていくのがわかるはずです。

子育ての悩みが解決したら終わりじゃない。子育ての感動を届ける人生へ！

子どもを先導する私たち大人こそ、夢に挑戦したり、成長のステージを駆け上がっていくことが大切だと気付いたお母さんたちには、その新しい挑戦のスタートとして、自分の働き方や今後の人生についても考えてもらっています。

子育てがきっかけで「発達」という分野に出逢い、子どもが成長していくことの感動を体験し、誰かの役に立つことに魅力や面白さを感じられるママには、私と共に発達の仕事に挑戦する選択肢を用意しています。

実際に、**この本に登場した21名のうち約半分は、私のプロデュースを受けながら在宅起業し、今ではおうち発達支援のプロとして、社長として活躍しているママたちなのです。**

好きな時間、好きな場所で働ける「おうち発達支援を教える講師の仕事」を手にして、過去の自分のようなママたちを助ける仕事に没頭しています。**子育ても仕事も両立しながら、家族との時間を大切にできる新しい働き方に挑戦しています。**信じられないかもしれませんが、旦那さんよりもはるかに多くの収入を得たり、メディアから取材を受けたりしながら、経済的にも精神的にも自立した女性リーダーに生まれ変わっています。

彼女たちのスクールで、発達科学コミュニケーションを学ぶことができますから、この先生から学びたい！という人を見つけて、相談に行ってほしいと思います。

今と同じ悩みを抱えたまま主婦を続けるか？　それとも、私や彼女たちと共に、多くの人に夢とチャンスを与える女性になるのか？　どちらのほうが自分と子どもたちの未来を明るくする人生になりそうですか？　選ぶのは自由です。

私たちは今、自分の人生に夢中になれる大人と子どもを増やすことに没頭しています。

そうすれば、発達障害があるとかないとか、普通だとか普通じゃないとか、学校に行っているとか行っていないとか、そんなことは関係ない時代がくると信じているから。

彼女たち自身、そしてお子さんたちの変化が何よりの証明です。その証明に心を躍らせて、新たに挑戦の道へ進む人が増えることを願っています。

今回、自身の子育て経験を赤裸々に語り、自らの手で子育てを立て直した感動と努力のプロセスを惜しみなく披露してくれた21名の執筆者は、今後、発達障害・グレーゾーンの子育てに悩むお母さんたちの希望になると確信しています。この21名に続く存在に「私もなりたい！　次は私の番だ！」と意気込む女性へ、バトンが手渡されることを願っています。カバーを外した表紙には21名からの直筆メッセージが隠されていますので、ぜひご覧くださいね。改めまして、執筆をしてくれた21名のお母さんたちに、この場を借りて感謝申し上げます。(五十音順、敬称略)

●発達科学コミュニケーションマスタートレーナー

いたがきひまり、今川ホルン、今村裕香、桜井ともこ、清水畑亜希子、水本しおり、森あや

●発達科学コミュニケーショントレーナー

菅野美香、高井智代、成瀬まなみ、松下かよ、渡辺ひろみ

●発達科学コミュニケーションリサーチャー

明石めぐみ、石井花保里、嘉山葉子、渋沢明希子、中村友香、なつきみき、松木なおこ、丸山香緒里、森山はるこ

最後になりましたが、この本の完成と出版にご尽力いただいたパステル出版の社長、楢橋真咲子さん、現在の仕事の立ち上げから温かく見守りご指導してくださっている相葉光輝さんに心からお礼申し上げます。

2023年7月　　吉野加容子

発達障害・グレーゾーンの育てにくい子が3ヶ月で変わる

非常識なおうち発達支援

壮絶子育てを体験したママたちのお悩み解決ストーリー21

2023年 7月23日 初版発行
2023年10月23日 4刷発行

[著者]_____ 吉野加容子

[発行者]_____ 楢橋真咲子

[発行所]_____ 株式会社パステル出版
〒170-6045 東京都豊島区東池袋3-1-1 サンシャイン60-45階
電話番号 03-5979-2188

[装丁]_____ mameco

[DTP]_____ 剣持 真紀

[イラスト]_____ AKIKO

[漫画]_____ わらびモチ

[編集]_____ ツバメ編集室

[印刷・製本]_____ シナノ書籍印刷株式会社

万一、乱丁、落丁がございましたら、お取り替えいたします。

ISBN 978-4-9913024-0-4 C0037

パステル出版
https://desc-lab.com/books/